도비쌤의
연구대회 필승 가이드

왕초보도 100% 입상하는 실전전략

# 도비쌤의 연구대회 필승 가이드

**도비쌤** 지음

테크빌교육

# 교사로서 성장하고자 하는 욕심은
# 결코 개인적인 것이 아니에요

"네? 제가 제출한 연구 보고서가 교육지원청에 있다고요?"

휴대폰 스피커 너머로 들려온 행정실무사님의 당황한 목소리가 귓가를 강타했어요. 1년 동안 공들여 쓴 연구 보고서가 행정실의 실수로 엉뚱한 곳에 배달되었다는 소식에 정신이 멍해졌죠. 학생들이 보는 앞이라 애써 침착하려 했지만, 이미 눈시울이 붉게 달아올랐어요. 휴대폰 너머로 실무사님의 이런저런 이야기가 이어졌지만 뭐라고 답해야 할지 갈피를 잡지 못한 채 바싹 마른 입만 달싹거렸어요.

"선생님, 무슨 일 있어요?"

분위기가 심상치 않음을 느낀 학생들이 체험활동을 하다가 삼삼오오 내게로 몰려왔어요. 올망졸망한 눈망울로 나를 바라보는 아이들 앞에서 쉽게 감정을 내보일 수 없었죠. 2년 차 신규 교사라 해도, 적어도 학생들 앞에서는 의젓한 모습을 보이고 싶었으니까요. 하지만 속에서는 허탈함과 속상함이 차오르고 있었죠. 결국 돌아가는 버스 안에서 아이들이 모르는 사이 조용히 눈물을 삼켰어요.

"신규가 벌써부터 승진 준비하는 거야?"
"연구대회 나가는 건 좋은데, 좀 덜 튀는 활동하면 안 돼? 옆 반 입장에서 솔직히 부담스러워."

"연구 보고서 같은 거, 그냥 형식적인 거잖아. 그런 거 준비할 시간에 차라리 학생들한테 더 신경 쓰는 게 낫지 않아?"

연구대회 점수가 승진과 연결되다 보니 주변에서 도움을 구하기도 쉽지 않았어요. 조언을 기대하며 다가가도 돌아오는 건 곱지 않은 시선뿐이었죠. 연구 보고서 배달 사고까지 겹치니, 모든 게 덧없게 느껴졌어요.

'내가 1년 동안 해 왔던 일들이 과연 의미가 있었을까? 신규 교사가 연구대회에 도전하는 게 무리였던 걸까?'

회의감이 깊어질 즈음, 뜻밖의 사람이 내 고민을 해결해 주었어요.

"안녕하세요, 선생님? 우리 딸이 전학을 가기 전에 꼭 작년 담임 선생님을 만나야 한다고 해서 찾아왔어요. 아이가 5년 동안 이 학교를 다니면서 가장 즐거웠던 순간이 선생님과 함께했던 진로 수업 시간이었다고 하더라고요. 1년 동안 우리 딸을 행복하게 해 주셔서 정말 감사합니다."

순간 가슴이 뭉클해졌어요. 연구대회를 준비하며 겪었던 수많은 어려움이 주마등처럼 스쳐 지나갔어요. 연구대회에 참가하며 고생을 많이 하긴 했지만 적어도 한 아이에게는 그 과정이 소중한 추억으로 남았다는 걸 깨닫는 순간, 지난 시간이 결코 헛되지 않았음을 알 수 있었어요. 아이와 어머니를 바라보는 제 얼굴에 미소가 크게 일어났던 것 같아요.

"저야말로, 1년 동안 ○○이랑 함께할 수 있어서 정말 행복했어요. 저에게 이렇게 큰 선물을 주셔서 진심으로 감사해요."
그날 이후, 저는 한 문장을 마음속 깊이 새기게 되었어요.

"이기심의 끝은 이타심이다."

처음 연구대회에 도전한 것도, 연구 보고서를 준비한 것도 순전히 저를 위해서였어요. 더 좋은 교사가 되고 싶었고, 승진이라는 목표도 있었죠. 하지만 그 과정에서 뜻하지 않게 제 교육 활동이 학생들에게 긍정적인 영향을 미치고 있다는 걸 알게 되었어요. 연구대회를 준비하며 새로운 수업 방식을 적용할 때마다 학생들은 더욱 흥미를 갖고 수업에 적극적으로 참여했거든요. 수업이 끝난 후 "선생님, 다음엔 어떤 걸 해요?"라며 기대하는 아이들의 모습에서, 제가 노력한 만큼 학생들에게도 좋은 변화가 일어나고 있다는 걸 실감했어요.

그제야 깨달았어요. 교사로서 성장하고자 하는 욕심은 결코 개인적인 것이 아니라는 걸요. 그리고 연구대회는 그 과정에서 교사를 성장시키는 훌륭한 발판이 될 수 있다는 것도요.

연구대회 경험이 누적될수록 연구대회의 폐쇄적인 분위기와 복잡한 절차 때문에 많은 초보 교사들이 쉽게 도전하지 못한다는 사실을 알게 되었어요. 개인적인 견해이지만 저는 연구대회에는 일정한 규칙이 있으며, 이를 이해하면 이후에는 오로지 '수업의 질'로 승부할 수 있다고 생각해요. 하지만 제가 지켜보니 많은 선생님들이 이 기본적인 룰을 몰라서, 혹은 절차의 복잡함에 압도되어 도전조차 하지 못하는 경우가 많았어요. 저는 그런 심리적 허들을 낮추고 싶었어요.

그래서 2021년부터 지금까지 티처빌원격연수원에서 〈도비쌤의 왕초보 연구비법〉 강의를 진행해 왔어요. 감사하게도 1,000명이 넘는 선생님들께서 강의를 수강하셨고, 많은 분들이 연구대회 입상 소식을 전해 주셨어요.

"선생님, 올해 상반기에 연구대회 연수 들었습니다. 이번에 인성 연구대회 시 대회 1등급 받았습니다! 선생님이 정성스레 공유해 주신 팁들이 첫 도전하는 데 좋은 길잡이가 되었습니다."
— 2024년 인성교육실천사례연구발표대회 입상자

"첫 시도에 너무나 힘들게 쓰긴 했지만 그래도 열심히 썼기에 입상했으면 하는 바람이 있었는데 2등급이라도 확보해서 다행입니다. 도비쌤 강의 덕분에 방향을 잘 잡고 쓸 수 있었던 것 같습니다. 정말 감사드립니다."
— 2024년 학교체육연구대회 입상자

"올해 선생님 연수 듣고 동기부여도 많이 되고 첫 연구대회 도전에 선생님 연수가 저에겐 어떤 컨설팅보다도 도움이 많이 되었어요. 덕분에 첫 도전에 2등급이라는 유종의 미도 거뒀답니다! 내년 수업혁신사례연구대회도 같은 학교 선생님과 공동으로 또 나가 보려고요!"

— 2024년 수업혁신사례연구대회 입상자

이를 통해 다시 한번 확신할 수 있었어요. 연구대회는 결코 승진을 꿈꾸는 일부 교사들만의 전유물이 아니라는 것을요. 누구나 도전할 수 있고, 체계적인 가이드만 있다면 충분히 성공할 수 있다는 것을요.

이러한 경험을 바탕으로, 저는 연구대회에 처음 도전하는 선생님들을 위해 이 책을 집필하게 되었어요. 연구 주제를 설정하는 방법부터 보고서를 체계적으로 작성하는 법, 면접과 전시, 수업 시연 준비 노하우까지 연구대회에서 실제로 필요한 핵심 요소들을 한 권에 담으려 노력했어요. 연구대회에 처음 도전하지만 어디서부터 시작해야 할지 몰라 막막한 선생님, 연구대회에 여러 번 도전했지만 연구대회의 공통적인 룰과 심사 기준을 몰라 어려움을 겪었던 선생님, 연구대회를 통해 수업 연구를 깊이 있게 하고, 자신의 수업을 한 단계 발전시키고 싶은 모든 선생님께 이 책이 작은 도움이라도 제공할 수 있길 바라면서 책을 짓고 다듬었어요.

1년이라는 긴 시간 동안 연구를 진행하는 건 결코 쉬운 일이 아니에요. 저는 이 책이 연구대회에 참가하는 많은 선생님들께서 편하게 조언을 구할 수 있는 든든한 친구가 되어 주길 바라고 있어요. 연구대회를 준비하는 과정에서 저처럼 더 많은 의미를 발견하고, 보다 즐겁고 자신감 있는 교사로 성장하실 수 있기를 바라며. 이제 함께, 연구대회의 문을 열어 볼까요?

2025년 3월
도비쌤

# 차례

## CHAPTER 1

## 연구대회 종류와 선택

## CHAPTER 2

## 연구의 기초

## CHAPTER 3

# 연구 보고서 영역별 작성법

## CHAPTER 4

# 연구 보고서 편집 방법

## CHAPTER 5

# 연구대회 꿀팁 모음

CHAPTER
1

# 연구대회
# 종류와 선택

# 연구대회, 왜 나가야 할까
## : 연구대회를 통해 얻은 세 가지 기출

 연구대회에 관심은 가지고 있어요. 그런데 어떻게 시작해야 할지 모르겠어요. 준비 과정이 힘들고 어려울 것 같기도 해요. 연구대회에 나간다는 사실이 다른 사람들에게 어떻게 보일지도 조금은 염려가 돼요. 그리고, 애써 보고서를 작성해서 연구대회에 제출했다가 탈락하면 허무하고 부끄러워서 어떡하죠?

종종 이 질문 하나에 삐걱거릴 때가 있어요.

"도비쌤, 연구대회는 왜 나갔어요?"

이 질문만 들으면 어쩐지 식은땀이 나요. 저도 모르게 로봇처럼 삐거덕거리며 어쩔 줄 몰라 하죠. 뭐랄까, 질문에 대한 답을 엄청나게 잘 말해야 할 것 같은 기분이랄까요? 이 책을 읽으시는 여러분께만 솔직히 고백하자면, 지난 7년 동안 이 질문에 대한 저의 답은 조금씩 변했어요.

① 교직 경력 2년 차 : "우와! 수업 연구대회요? 엄청 신기하다! 재밌을 거 같아요!"

② 교직 경력 3년 차 : "교감 선생님께 잘 보이고 싶어요! 내가 연구대회에서 입상하면 교감 선생님이 저를 더 좋아하실 거예요!"

③ 교직 경력 4년 차 : "연구 점수를 얻고 싶어요. 승진해서 저를 못살게 구박하는 부장님 코를 납작하게 눌러주고 싶거든요!"

④ 교직 경력 5~6년 차 : "연구대회에서 입상하니 돈 벌 기회가 늘어나네? 연구대회를 더 파고들어야겠다!"

처음에는 호기심 반, 재미 반으로 시작했어요. 그다음엔 제가 교직에서 가장 존경하는 교감 선생님과 잘 지내고 싶어서였죠. 한창 부장님께 구박당하던 시절에는 '꼭 승진해서 저분이 아주머니 소리 들을 때 나는 교장 선생님 소리 듣고 말리라!' 다짐하고 아득바득 이를 갈며 연구대회를 준비했어요. 연구 왕초보 친구들과 '재미 삼아 나가볼래?'를 외쳤던 교육자료전에서는 눈물 콧물 쏙 빼가며 밤새 100쪽 분량의 연구 보고서를 작성하기도 했죠.

제 답변을 읽어보니 어떠세요? 생각 외로 별것 없죠? 제 답을 읽은 분 중에는 '뭐야? 도비는 왜 이렇게 속물적이야?'라거나 '얘 왜 이렇게 유치하니?'라고 생각하실지도 몰라요. 맞아요. 저는 사실 굉장히 유치하고, 속물적이에요. 여기서 제가 드리고 싶은 말씀은 저는 여러분들과 크게 다르지 않은 보통 사람이고, 제가 연구대회를 시작한 계기는 그리 거창하지 않다는 거예요.

저는 이 책의 서막을 말랑말랑한 찹쌀떡처럼 열고 싶어요. 그래서 '연구대회, 왜 나가야 해요?'라는 질문에 대해 '교육 전문가로서 성장할 수 있어요', '특색 있는 학급을 운영할 수 있어요', '학생들과 긍정적인 관계를 만들 수 있어요'와 같은, 마냥 교과서 같은 말은 하지 않을 거예요. 이런 대답, 솔직히 재미도 없고, 진정성도 없잖아요? 그래서 저는 제 경험담을 통해 연구대회를 통해 어떤 것을 얻을 수 있는지 말씀드리려 해요.

커리어에 도움이 되는 세 가지 기술

## 01 글쓰기 능력 Writing Skill

"팔지 말고 사게 하세요."

이 말은 마케팅 분야에서 꽤 유명해요. 말을 물가에 끌고 올 수는 있어도 마시게 할 수는 없듯이, 손님을 가게로 끌어들이는 것과 지갑을 여는 것은 다른 문제거든요. 저는 연구대회도 일종의 마케팅이라고 생각해요. 연구대회에서 심사위원의 관심을 끌어 연구 보고서를 읽게 만드는 것과, 그 결과로 입상을 이끄는 것은 별개의 문제이기 때문이죠.

마케팅이 소비자의 필요와 불편을 해결하는 데 초점을 맞추듯, 연구대회에서도 심사위원의 마음을 사로잡으려면 그들이 기대하는 결과를 충족시켜야 해요. 심사위원은 연구 결과가 교육현장의 문제를 해결하길 바라요. 예를 들어, 학습 부진 학생을 돕는 구체적이고 참신한 해법을 제시하는 연구라면 다른 연구보다 더 높은 평가를 받을 수 있죠.

"이 대회를 통해 교육부가 얻고자 하는 것이 무엇일까?"
"심사위원은 어떤 연구 결과를 알고 싶어 할까?"

연구대회에 입상하기 위해서 저는 제 사고의 중심을 내가 아닌, '타인'으로 옮기고 글로 표현하는 연습을 했어요. 처음에는 정말 어려웠어요. 제 생각과 의견을 표현하는 것엔 익숙했지만 상대방이 겪는 어려움이 무엇인지, 상대방이 좋아할 만한 해결 방법을 글로 어떻게 표현해야 효과적일지 연구 보고서를 쓰기 전까지 고민해본 적이 별로 없었거든요.

연구 보고서를 작성하며 제가 얻은 교훈은 상대방의 관심을 사로잡는 글은 '내가 하고 싶은 말'을 담은 글이 아니라 '상대방이 알고 싶어 하는 답'을 제시하는 글이어야 한다는 거예요. 이건 비단 연구 보고서에만 국한된 이야기가 아니었죠. '학생들이 필요한 것이 무엇일까?', '학생들이 이 수업 시간에 꼭 배워야 할 것이 뭘까?'를 중심으로 수업을 진행하니 이전보다 학생들의 수업 참여도와 학습 집중력이 크게 향상됐어요. 무엇보다 학생들과 저의 관계가 매우 돈독해졌죠.

"선생님, ○○이가 전학 가기 전에 선생님을 꼭 다시 만나고 싶다고 해서요. 실례를 무릅쓰고 찾아뵀습니다. ○○이가 5년 동안 가장 즐거웠던 경험은 선생님과 함께했던 진로수업에 참여했을 때라고 하네요. 1년 동안 제 소중한 딸을 행복하게 해주셔서 진심으로 감사합니다."

이 말씀을 해주신 분은 저에게 2년 동안 딸을 맡기셨던 어머니였어요. 그즈음 전 학생들에게 필요한 것 중 하나를 '진로교육'으로 생각하고 한창 진로교육 연구에 매진하고 있던 때였거든요. 학년 초에 친구들 앞에서 발표하는 것을 부끄러워하던 학생이 저와 함께 2년을 보내면서 '사람들에게 음악으로 기쁨을 전해줄 수 있는 피아니스트가 되고 싶다'라고 이야기할 정도로 성장했더군요. 집안 사정으로 학생이 전학을 가게 됐을 때 어머니께서 방과 후 아이와 함께 교실로 찾아오셨죠. 그때 그분이 제 손을 따뜻하게 잡고 격려해주셨던 기억이 지금 제가 교직에서 열심히 일하게 된 동력이 됐어요.

이 일을 계기로 저는 더 열심히 수업 활동을 열심히 기록했어요. 학생의 입장에서 정말 필요한 것이 무엇인지, 학생들의 학습 동기를 강화할 방법은 무엇일지 고민하면서요. 그 결과 2018년 진로교육 실천사례 연구발표대회, 2019년 교실수업 실천사례 연구발표대회에서 입상할 수 있었어요. 2019년 시상식에서 만난 교육감님과 장학사님들이 제게 이런 이야기를 해주시더라고요.

"선생님께서 근무하시는 지역은 학생들이 선생님의 도움을 가장 절실하게 필요로 하는 곳이죠. 힘들고 어려운 환경에서 학생들이 선생님의 가르침을 받고 이렇게 성장할 수 있었다니, 참 대단하십니다."

이 사고의 전환은 제 연구 보고서 작성 방식뿐만 아니라, 저의 삶에도 큰 변화를 가져왔어요. '연구대회에 관심 있는 사람들은 어떤 점을 궁금해할까?'를 고민하다 보니, 〈도비쌤의 왕초보 연구 비법〉 연수를 티처빌원격연수원에 론칭할 수 있었어요. 4년간의 연수를 통해 500여 명의 선생님들에게 제 연구 노하우를 전수했어요. 그 과정에서 많은 선생님의 입상 소식과 감사의 후기를 들을 수 있었어요. 또, 많은 부수입으로 경제적 혜택을 누릴 수 있었죠.

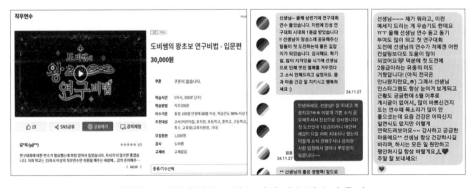

**티처빌 도비쌤의 왕초보 연구 비법 연수 및 수강 후기**

저는 '상대방이 알고 싶어 하는 답'을 제시하는 글쓰기 방식을 교육이 아닌 다른 분야에도 적용했어요. '사람들이 와인에 관해 어떤 점을 궁금해할까?'를 고민하며 연재한 100편의 와인 에세이를 통해 1년 만에 블로그 구독자 N천 명을 모을 수 있었어요. 또, 약사, 변호사, CEO, 화가, 와인 소믈리에, 유튜버, 기자 등 제가 교육계에만 있었다면 만나기 어려웠을 다양한 분야의 사람들과 직접 만나고, 소통할 수 있었어요.

연구 보고서를 쓰며 배운 사고방식의 전환은 단순히 글쓰기 기술을 넘어 제 삶 전반에 걸쳐 큰 변화를 가져다주었어요. 상대방의 관점에서 그들이 원하는 답을 고민하는 태도는 새로운 기회와 소중한 인연을 만들어 냈죠. 물론 지금도 이 방법을 완벽하게 터득한 것은 아니에요. 하지만 꾸준히 연습하고 있으니, 앞으로 더 성장할 거라 믿어요.

## 커리어에 도움이 되는 세 가지 기술
## 02 디지털 리터러시 Digital Literacy

디지털 리터러시 Digital Literacy는 디지털 기술과 도구를 효과적으로 이해하고 활용하며, 이를 통해 정보를 비판적으로 분석하고 창의적으로 소통하거나 문제를 해결할 수 있는 능력을 의미해요. 쉽게 말해 '디지털 매체를 잘 활용할 수 있는 능력'이죠. 디지털 매체를 잘 활용한다는 것은 검색을 잘하는 것이 될 수도 있고, 다양한 애플리케이션을 적재적소에 잘 활용할 줄 아는 것도 해당돼요. 또, 유튜브, 인스타그램 등 다양한 SNS에 사람들의 이목을 끄는 온라인 콘텐츠를 잘 제작한다는 의미일 수도 있죠.

제가 이러한 디지털 매체 활용 능력을 연습한 가장 큰 계기는 2020년에 참가한 교육자료전이었어요. 당시에는 코로나19 창궐로 대면 수업이 불가능했어요. 다른 교과 수업은 어떻게든 진행할 수 있었지만, 체육 수업은 쉽지 않았죠. 저는 학생들의 체력 관리와 원활한 체육 수업을 위해 동료 선생님들과 교육자료전에 참가하며 온라인 체육 프로그램을 개발했어요. 이 과정에서 온라인 체육 프로그램 운영을 위한 애플리케이션, 워크북, 이미지, PPT 자료 등을 제작했고, 학생들의 흥미와 참여를 끌어낼 수 있는 콘텐츠 개발 방법을 꾸준히 연구했어요.

　교육자료전에 참가하며 가장 좋았던 점은 자료 제작 기술은 물론, 어떤 메시지가 사람들의 시선을 사로잡는지, 사람들에게 어떤 자료가 필요한지 끊임없이 생각해볼 수 있었던 거예요. 교육자료전 참가 경험은 이후 저의 대외 활동에서도 큰 자산이 되었어요. 연구대회에서 익힌 디지털 콘텐츠 제작 기술을 활용해서 〈도비쌤의 왕초보 연구 비법〉 직무 연수를 직접 제작할 수 있었어요. 또한, '캡컷'과 '캔바'는 제가 연수 홍보 자료를 준비할 때, 한국교육학술정보원에서 운영하는 교원 전용 디지털 콘텐츠 플랫폼, 잇다ITDA에서 '올해의 채널'을 운영하는 데에도 큰 도움이 됐죠.

　아울러 구독자가 N천 명에 달하는 와인 에세이 블로그를 운영할 때 사람들을 후킹hooking할 수 있는 제목과 섬네일을 적재적소에 활용할 수 있게 됐어요. 또, 제가 직접 만든 국제와인자격증WSET 공부 자료는 와인 업계 종사자들로부터 '판매해볼 생각이 없느냐'는 제안을 꾸준히 받고 있어요. 교육 외적 영역이라 이 부분에 대한 겸직을 아직 생각하고 있지 않지만, 그럼에도 이런 경험은 교사가 아닌 사회인으로서의 성장에도 큰 자산이 되었어요. 디지털 리터러시를 기반으로 제가 구축한 콘텐츠와 플랫폼 활용 능력은 교육뿐 아니라, 제 관심사와 연결된 다양한 분야에서 새로운 가능성을 열어줬죠. 와인 에세이 블로그 운영과 국제와인자격증 공부 자료 제작 경험을 통해, 제가 관심 있는 주제와 전문성을 결합해 사람들과 소통하고, 그 과정에서 실질적인 가치를 창출할 수 있다는 것을 깨달았어요.

　저는 연구대회를 통해 디지털 리터러시를 꾸준히 연습하면, 그 활용 범위를 넓혀갈 수 있다는 것을 배웠어요. 교사라는 직업의 틀을 넘어, 내가 가진 역량을 디지털 매체를 통해 더 큰 세상과 연결하고, 새로운 기회를 창출하는 것, 얼마나 멋진 일인가요? 저에게 연구대회 경험은 이를 위한 좋은 연습장이자 출발점이 되었고, 앞으로도 디지털 리터러시를 기반으로 더 많은 사회적 가치를 만들어 나가고 싶어요.

많은 선생님이 강의, 교육청이나 연수원과의 협업, 자료 개발 등 다양한 대외 활동에 참여하며 커리어를 쌓고 싶어 하지만, 그 기회를 찾는 방법을 어려워하시곤 해요. 반면, 여러 기관의 러브콜을 받으며 다양한 대외 활동을 통해 커리어를 확장해 나가는 선생님들도 적지 않죠.

"도대체 어떻게 해야 이런 겸직 활동을 할 수 있죠?"

팔지 말고 사게 하라는 말이 여기에도 적용돼요. 상대방이 원하는 것을 내가 갖고 있으면 상대방이 먼저 내게 구미가 당기는 제안을 해요. 그러니 상대방에게 '내가 당신이 원하는 것을 갖고 있어요. 그러니 날 찾아오세요!'라고 최대한 내가 가진 능력을 알려야 해요. 정리하자면, 내게 다양한 기회를 제공해줄 수 있는 인적 네트워크를 갖고 싶다면 나 자신을 매력적인 상품으로 포장하고, 적극적으로 홍보하는 것이 제가 생각하는 최선의 방법이에요.

저는 항상 연구대회가 교사에게 매우 좋은 퍼스널 브랜딩 방법이라고 이야기해요. 연구대회에 입상하면 나의 강점과 교육전문성을 공식적으로 인정받을 수 있어요. 또, 내가 가진 능력과 노하우를 체계적으로 정리할 수 있죠. 이를 바탕으로 연구 결과물을 활용해 도서 출판, 강의 자료 개발 등을 직접 진행할 수도 있어요. 연구대회에 입상하면 내가 가진 능력을 입 아프게 설명할 필요가 없어요. 이 한마디로 끝이에요.

"저는 교육자료전에서 전국 1등급을 받았습니다."

제 경험을 조금 더 자세히 말씀드릴게요. 전 교직 경력 2년 차에 처음 진로교육 실천 사례 연구발표대회에 참가했어요. 처음에는 그 누구의 도움도 받을 수 없었어요. 혼자 힘으로 연구하며 주먹구구식으로 30쪽짜리 연구 보고서를 제출했죠. 결과는 당연히 탈락이었어요.

하지만 첫 실패가 저에게 많은 인연을 만들어줬어요. 컨설팅 과정에서 우연히 제 연구 보고서를 본 수석 선생님은 '참신한 수업 아이디어가 많다'며 저에게 지역 수학 축전 운영진으로 참가해보지 않겠냐고 제안해주셨어요. 덕분에 3년 동안 수학 축전에 참가하며 다양한 선생님, 장학사님을 만날 수 있었어요. 여러 선생님의 추천으로 지역수학문화관 건립위원회에 참가하기도 했고, 지역수학문화관 파견 교사 일을 해보지 않겠냐는 장학사님의 제안을 받기도 했어요. 또, 직접 창의·융합 수학 프로그램을 개발해 수학문화관에서 강사 활동을 하기도 했죠.

수업혁신 사례 연구대회의 전신인 교실수업 실천사례 연구발표대회에 입상하자 교육청에서 코로나19에 대응하기 위한 원격수업 자료를 개발해 달라고 요청했어요. 기라성 같은 선배 선생님들도 많은데 왜 하필 저인지 이해가 되지 않아 장학사님께 여쭤보니 이렇게 말씀하시더라고요.

"선생님께서는 교실수업 실천사례 연구발표대회 전국대회 입상자세요. 이건 수업 전문성이 뛰어나다는 증거예요. 교육청에서는 이런 분들의 인력풀을 항상 관리하고 있답니다. 너무 부담 갖지 말고 많이 도와주세요."

다양한 연구대회에 참가하다 보니 연구대회 심사위원이자 컨설턴트 활동을 하시는 여러 교장, 교감 선생님, 수석 선생님께 수업 연구와 연구 보고서 작성법을 1:1 과외로 배웠어요. 수업 연구를 바라보는 관점, 연구 보고서를 작성하는 원리 등 보통의 연수로는 알 수 없는 부분들을 상세히 배울 수 있었죠. 배움의 기록을 차곡차곡 쌓아 2021년부터 쌤동네에서 시작한 〈도비쌤의 왕초보 연구비법〉 강의를 수강한 분들로부터 연구대회에서 입상했다는 소식을 접하며 교직에서의 새로운 보람도 느낄 수 있었고요. 3년간 강의를 진행한 덕분에 테크빌교육 쌤동네팀 팀장님, 콘텐츠기획팀 팀장님, 출판기획팀 팀장님과 인연이 닿게 됐어요. 그렇게 2024년 〈도비쌤의 왕초보 연구비법〉은 정식 직무연수가 되었고, 책으로도 출간할 수 있게 됐죠.

제가 하고 싶은 말은 간단해요. 기회는 스스로 만들어가는 거예요. 처음부터 완벽하지 않아도 괜찮아요. 저도 첫 도전에서 실패를 겪었지만, 그 경험이 새로운 기회를 열어줬고, 결국 저를 성장시켰어요. 물론, 모든 노력이 항상 좋은 결실을 맺진 않죠. 저 역시

마냥 제 실력으로만 성장했다고 생각하진 않아요. 상황에 맞는 운 역시 저에게 큰 도움이 됐죠. 그럼에도 중요한 건 포기하지 않는 자세와 사람을 소중히 여기는 마음이에요. 혼자서는 할 수 없는 일이 많아요. 제가 만난 사람들과의 인연, 그분들로부터 받은 도움은 제 커리어를 풍성하게 만들어줬고, 저 역시 그 도움을 돌려드리며 함께 성장해왔어요. 여러분도 작은 도전에서 시작해보세요. 한 걸음씩 나아가다 보면 자신만의 길이 열릴 거예요.

# 연구대회의 종류 및 특징

 인성교육 실천사례 연구발표대회, 교육자료전, 수업혁신 사례 연구대회…. 어떤 연구대회가 있는지, 각 연구대회별로 어떤 특징이 있는지 궁금합니다. 또 초보자로서 어떤 연구대회에 참가하는 것이 좋을지 모르겠어요. 연구대회를 선택할 때 어떤 점을 고려하는 것이 좋을까요?

연구대회의 목적 및 종류
## 연구대회의 목적

교직에 입문하며 '연구대회'라는 단어를 들어본 적이 있을 겁니다. 하지만 연구대회가 구체적으로 어떤 것인지 설명할 수 있는 사람은 그리 많지 않습니다. 2024년 교육부 훈령 제480호에서 연구대회는 아래와 같이 정의합니다.

> **제2조 제1호** "연구대회"라 함은 교원이나 교육전문직원이 교육현장에서 교수·학습이나 교육행정 관련 문제의 개선 또는 해결을 목적으로 교육방법 연구, 제도 개선, 교육자료 개발, 교수활동 성과 등의 실적을 대상으로 공정한 경쟁을 통하여 연구실적으로 인정되는 대회로서 다음 각목의 대회를 말한다.
>
> 가. 국가·공공기관 또는 공공단체가 개최하는 교육에 관한 전국 규모의 연구대회(이하 "전국대회"라 하며, 별표1과 같다)
> 나. 특별시·광역시·특별자치시·도 또는 특별자치도(이하 "시·도"라 한다)의 교육청·지방공공기관 및 공공단체 등이 개최하는 교육에 관한 시·도 규모의 연구대회(이하 "시·도대회"라 한다)

출처 :「연구대회 관리에 관한 훈령」 교육부훈령 제480호, 2024. 3. 15., 일부 개정

말이 굉장히 어렵죠? 하지만 어려워할 필요 없습니다. 이 법령을 아래와 같이 쉽게 한 문장으로 정리할 수 있기 때문입니다.

> '연구대회'는 교육자들이 교육현장의 문제를 해결하기 위해 수행한 연구 실적을 공정하게 평가받는 국가 또는 지역 단위의 공식 대회다.

위 문장도 어렵다고요? 그럼 이걸 대화체로 한번 정리해보겠습니다.

> "내가 교실에서 경험한 문제는 이건데, 나는 이런 방향으로 해결했어. 나의 해결 방법과 결과를 너희와 공유하고 싶어."

이렇게 정리하니 훨씬 쉽지요? '**교육현장의 문제 해결**'이 연구대회의 핵심입니다. 이는 어떤 연구대회나 동일하게 적용됩니다. 그래서 어떤 연구대회에 참가할 것인지 결정할 때는 '**내가 어떤 문제를 해결하고 싶은가?**'를 먼저 생각해보세요. 만약 인성교육 문제를 해결하고 싶으면 인성교육 실천사례 연구발표대회를, 수학 교수·학습과정에서 생기는 문제를 해결하고 싶다면 수업혁신사례 연구대회에 참가하면 됩니다.

연구대회의 목적 및 종류
## 02 연구대회의 종류와 연구실적평정점

수업혁신사례 연구대회, 인성교육 실천사례 연구발표대회, 교육자료전 등 교사가 참여할 수 있는 연구대회는 정말 많습니다. 국가와 기관에서는 이렇게 다양한 연구대회를 크게 세 가지로 나눠 운영합니다.

■ 연구대회 군별 분류

| 군 | 분류 기준 |
| --- | --- |
| 1군 | 연구 보고서 대회 중심 |
| 2군 | 자료 제작이나 실기 지도 대회 중심 |
| 3군 | 2군에 속하지 않은 공인 연구대회 중심으로 분류 |

연구 보고서가 중요한 대회는 1군, 자료 제작, 실기 지도가 중요한 대회는 2군입니다. 3군 대회의 경우 '공인 연구대회'를 중심으로 실시하는 대회입니다. 여기서 공인 연구대회는 공공기관이나 공공(교원)단체 등이 교육부 장관 또는 시도 교육감의 인정을 받아 개최하는 대회입니다. 이러한 기준에 따라 현재 운영되는 연구대회에는 어떤 것이 있는지 알아볼까요?

■ 연구대회 군별 현황

| 순 | 군 | 대회명 | 전국대회 개최 조직 |
| --- | --- | --- | --- |
| 1 | 1군 | 수업혁신사례 연구대회 | 교육부 |
| 2 | | 교육정보화 연구대회 | 교육부<br>한국교육학술정보원 |
| 3 | | 한국 체육 연구대회 | 대한체육회 |
| 4 | | 교육방송 연구대회 | 한국교육방송공사(EBS) |
| 5 | | 인성교육 실천사례 연구발표대회 | 교육부 |
| 6 | 2군 | 경기도 기능지도 연구대회<br>(전국 농업교사 현장 연구대회) | 경기도청<br>한국농업교육협회 |
| 7 | | 한국체육연구상(전국, 소년, 동계) | 대한체육회 |
| 8 | | 과학전람회 | 교육부, 국립중앙과학관 |
| 9 | | 교육자료전 | 한국교원단체총연합회 |
| 10 | | 장애학생 직업기능경진대회 연구상 | 교육부 |
| 11 | | 장애학생 체육대회 연구상 | 대한장애인체육회 |
| 12 | 3군 | 현장교육 연구대회 | 한국교원단체총연합회 |
| 13 | | 기타 공인 연구대회 | |

간혹 1군, 2군, 3군 대회별 연구 점수(연구실적평정점)이 다르냐고 묻는 분들도 계시는데 그렇지 않습니다. 어느 대회에 나가건, 전국 1등급을 받으면 연구 점수는 동일하게 1.5점을 받습니다. 연구대회 군별 분류는 '대회별로 추구하는 가치가 다르다' 정도로 이해하시면 좋을 것 같습니다.

우리가 '연구 점수'로 알고 있는 연구실적평정점은 교원의 승진을 위해 필요한 점수 중 하나입니다. 연구실적평정점은 크게 두 가지 방법으로 얻을 수 있습니다. 첫 번째는 우리가 잘 아는 연구대회이고, 두 번째는 석·박사 학위 취득입니다. 교사가 교장, 교감으로 승진하거나 장학사로 전직하기 위해서는 교육공무원 승진규정에 따라 연구실적평정점이 꼭 필요합니다. 현행 규정상 연구실적평정점은 3점을 초과할 수 없습니다.

■ **교육공무원 승진규정 제37조(연구실적평정점)**

① 연구실적평정점은 3점을 초과할 수 없다. 〈개정 2007. 5. 25.〉
② 연구대회입상실적은 다음 표에 따라 평정하되, 한 학년도에 2회 이상의 연구대회입상실적이 있는 경우에는 가장 높은 점수가 부여되는 1회의 연구대회입상실적만을 반영한다. 〈개정 2016. 12. 30.〉

| 입상 등급 | 전국 규모 연구대회 | 시·도 규모 연구대회 |
|---|---|---|
| 1등급 | 1.50점 | 1.00점 |
| 2등급 | 1.25점 | 0.75점 |
| 3등급 | 1.00점 | 0.50점 |

③ 석사 및 박사 학위 취득 실적은 다음 표에 의하여 평정한다. 이 경우 직무와 관련 있는 학위의 인정 기준은 승진 후 보자명부작성권자가 정한다. 〈개정 2007. 5. 25.〉

| | | |
|---|---|---|
| 박사 | 직무와 관련 있는 학위 | 3점 |
| | 그 밖의 학위 | 1.5점 |
| 석사 | 직무와 관련 있는 학위 | 1.5점 |
| | 그 밖의 학위 | 1점 |

출처: 「교육공무원 승진규정」 대통령령 제33528호, 2024. 3. 1.

승진규정에 따르면 연구대회 입상 실적은 1년에 최고 등급 한 가지만 인정합니다. 이해를 돕기 위해 예시를 하나 들어보겠습니다. 2025년 김 교사는 연구대회에 3개 참가했습니다. 열심히 노력한 덕분에 A 대회에서 전국 1등급, B 대회에서 전국 2등급, C 대회에서 전국 3등급을 받았습니다. 하지만 승진 규정에 따라 김 교사는 가장 높은 등급을 받은 A 대회의 입상 결과(전국 1등급)만 연구실적평정점으로 활용할 수 있습니다. 이 경우 김 교사가 받는 평정 점수는 1.5점이 됩니다.

학위 취득도 연구대회 입상 실적과 비슷합니다. 학위 취득 실적 평정은 상위 학위 1개만 인정합니다. 이 역시 예를 들어볼까요? 박 교사가 석사 학위 1개, 박사 학위 1개를 가지고 있다고 해봅시다. 두 개의 학위를 가지고 있더라도 박 교사가 연구실적평정점으로 인정받을 수 있는 학위는 박사 학위 한 개뿐입니다. 만약 박 교사의 박사 학위가 직무와 관련이 있다면 박 교사가 받는 평정 점수는 3점이 됩니다.

학문에 뜻이 있다면 석박사 학위를 취득하는 것이 좋습니다. 하지만 시간적, 금전적 투자를 고려했을 때 연구실적평정점을 획득하기 위해 석박사 학위를 취득하는 것은 그리 좋은 선택이 아닙니다. 연구대회에서 2년 동안 전국 1등급을 두 번 받으면 끝날 일을 굳이 석박사 취득으로 5~7년을 할애할 필요는 없습니다.

승진 규정은 지역별로 상이한 점이 있으므로 반드시 본인 소속 교육청의 공문을 확인해야 합니다. 다만 교육부는 연구실적평정점 만점을 3점에서 2점으로 낮추는 개정안을 2028년 4월 1일부터 시행하려고 합니다. 연구실적평정점이 실질적인 교육활동 역량 강화와 교육전문성 제고에 기여하지 않는다는 판단 때문입니다.

이 개정안이 시행될 경우 박사 학위 취득 점수는 3점에서 2점으로 축소되며 각종 연구대회 점수도 낮아질 수 있습니다. 교육부는 이 개정안을 입법 예고했습니다만, 실질적인 개정은 아직 진행되지 않고 있습니다. 승진을 준비하고 있는 교사라면 변화하는 연구실적평정점 규정을 유심히 관찰할 필요가 있습니다.

연구대회별 특징 및 전략
## 03 주요 연구대회별 특징 (1) − 수업혁신사례 연구대회

수업혁신사례 연구대회는 교육부, 한국교육과정평가원 공동 주관으로 열리는 연구대회입니다. 이 대회의 목적은 AI·에듀테크 등 미래형 교육환경에 적합한 교수·학습 모델을 발굴하고 미래 핵심 역량을 키워줄 수 있는 수업 우수 사례를 공유, 확산하는 것입니다 QR. 이전에는 '교실수업 실천사례 연구발표대회'라는 명칭으로 운영됐으나 2021년부터 수업혁신사례 연구대회로 개편됐습니다. 1인 1연구가 원칙이며, 복수 영역에 동시 출품이 불가합니다. 개인 연구와 공동 연구(2인 이내)가 모두 가능합니다.

수업혁신사례 연구대회는 3단계에 걸쳐 심사가 이루어집니다. 첫째, 연구 보고서 심사입니다. 참가자는 25쪽 분량의 연구 보고서를 작성해야 합니다(연구 보고서 작성 분량은 매해 조금씩 달라질 수 있습니다. 당해 대회 운영 계획을 반드시 확인해야 합니다). 수업혁신사례 연구대회는 교과교육 활동, 창의적 체험활동, 융합교육활동(교과-교과, 교과-창체)으로 구성되어 있습니다. 자신의 연구 주제를 고려하여 참가할 연구 영역을 선택하면 됩니다. 연구 보고서는 크게 본문과 부록으로 구성되며 부록에는 교수·학습과정안과 수업일지를 첨부해야 합니다. 이 부분은 연구 보고서 작성법에서 조금 더 자세히 다루도록 하겠습니다.

둘째, 수업 동영상 심사입니다. 이를 위해 참가자는 1차시분 수업 전체를 대상으로 녹화, 저장한 수업 동영상과 수업 동영상 요약분(15분)을 함께 USB에 담아 제출합니다. 수업은 연구 보고서 부록에 작성한 교수·학습과정안을 바탕으로 진행하면 됩니다. 만약 공동 연구를 진행한다면 참가 교원 각각 1차시분 전체를 촬영한 수업 동영상 2개, 수업 동영상 요약본 2개를 함께 제출하면 됩니다.

---

**영상 촬영 시 주의 사항**

① 영상을 촬영할 때는 교사와 학생들의 활동을 모두 볼 수 있도록 한 장소에서 고정하여 촬영해야 함. 핵심적인 부분을 강조하기 위해 클로즈업은 허용됨.
② 수업 단계, 핵심 활동, 참관 관점 등은 수업 동영상 화면 하단에 자막 처리.
③ 자막 처리 외 별도 영상 삽입 등 금지(미준수 시 1건당 1점 감점).
④ 여러 차시 수업을 편집, 재구성한 동영상은 심사에서 제외.

---

셋째, 현장 실사입니다. 쉽게 말해 '면접'을 보는 것입니다. 2024년 대전시교육청 운영 계획을 기준으로 심사 대상은 보고서 심사 결과 1등급 계정자의 120%입니다. 지역별로 운영 방식에 차이가 있으나 대체로 서너 명의 심사위원이 참가자의 근무 학교에 직접 방문, 현장 실사를 진행합니다. 면접에 대비하기 위해서 미리 작성한 연구 보고서 내용을 숙지해야 합니다. 이때 연구 동기, 연구 과정 시 어려웠던 점, 기억에 남는 사건, 연구 결과 및 제언, 향후 연구 계획을 간략하게 설명할 수 있으면 좋습니다. 더불어 평소에 연구 결과물(학생 활동 결과물)을 잘 정리해 두었다가 현장 실사 시 연구 증빙 자료로 포트폴리오로 제시하는 것을 추천합니다(면접 및 포트폴리오 제작 방법은 뒤에서 자세히 설명합니다).

수업혁신사례 연구대회는 다른 연구대회에 비해 다양한 특전이 있습니다. 첫째, 출품작의 60%가 입상합니다. 10명 중 6명이 입상을 한다는 뜻입니다. 여타 다른 대회가 출품작의 40%가 입상하는 것을 감안하면 입상 확률이 상당히 높습니다. 둘째, 최종 출품작품 수의 60% 내에서 1:1:1 비율로 1, 2, 3등급을 결정합니다. 1, 2, 3등급을 받는 사람 수가 동일하다는 의미입니다. 만약 6명이 입상한다면, 2명씩 1등급, 2등급, 3등급을 받을 수 있는 것입니다. 이는 입상 가능성과 높은 등급 확보에 큰 도움이 됩니다. 셋째, 지역 예선에서 입상한 모든 사람에게 전국대회에 참가할 기회를 제공합니다. 지역 대회에서 3등급을 받았다고 하더라도 연구를 보강하여 전국 1등급을 받을 기회의 문이 열린 것입니다. 넷째, 전국 대회 진출 시 연구 보고서 수정이 가능합니다. 2024년 기준 인성교육 실천사례 연구대회는 전국 대회 진출 시 연구 보고서 수정이 불가능합니다. 하지만 수업혁신사례 연구대회는 전국 대회 진출 전 연구 보고서를 수정할 수 있습니다. 연구 보고서의 부족한 점을 보강하여 보다 높은 등급 입상을 가능하게 한다는 점에서 이는 매우 좋은 조건입니다.

물론 수업혁신사례 연구대회도 단점은 존재합니다. 첫째, 수업 동영상을 촬영해야 합니다. 면접 심사만으로도 부담스러운데 내 수업을 촬영해서 제출해야 한다니! 몹시 부담스러운 요소입니다. 하지만 수업 동영상이 입상 당락을 결정하진 않습니다. 대체로 1차 심사에서 연구 보고서로 출품작의 60%를 선별하고, 그 이후에 등급 선정을 위해 수업 동영상을 활용하는 편이기 때문입니다. 높은 등급을 노린다면 수업 동영상 촬영에도 신경을 써야겠지만, 입상 자체를 노린다면 너무 부담가질 필요는 없습니다.

둘째, 교수·학습과정안과 수업 일지를 제출해야 한다는 점입니다. 수업혁신사례 연구대회는 4~6쪽 분량의 부록 형식으로 교수·학습과정안과 수업 일지를 제출해야 합니다. 그럼에도 입상 확률이 다른 연구대회보다 높기 때문에 입상을 노린다면 이 정도 단점은 감수할 만하다고 생각합니다.

만약 수업혁신사례 연구대회에 참가할 예정이라면 세 가지를 기억해두세요. 첫째, 3월 초부터 학생 생활 지도와 수업 훈련을 철저히 하는 것이 좋습니다. 최소 10월까지는 학생 생활 지도, 수업 훈련을 지속적으로 철저하게 한다는 마음가짐이 필요합니다. '미래 핵심 역량을 키워줄 수 있는 수업 우수 사례를 공유·확산'하고자 하는 대회 취지에 맞게 수업 공개가 필수 불가결하기 때문입니다.

둘째, 자신이 가장 잘할 수 있거나 가장 좋아하는 교과·분과를 선택하세요. 입상에 유리할 것 같다는 이유로 내가 좋아하지도 않는 교과·분과를 1년 내내 보고 있는 것도 곤욕입니다. 잠시 제 경험을 하나 풀어볼까요? 저는 교직 경력 4년 차에 이 대회에 참가했습니다. 그리고 사회 교과로 지역 1등급, 전국 3등급을 받았습니다. 현장 심사를 받던 당시, 심사위원 한 분이 저에게 이렇게 질문하셨습니다.

"도비쌤 이야기를 듣다 보면 굉장히 즐겁게 수업 연구를 진행한 거 같아 참 보기 좋아요. 교직 경력 4년 차면 신규이고, 대회 경험도 별로 없을 텐데, 그 비결이 무엇인가요?"

"음, 잠시 생각할 시간을 주시겠어요? (조금 뒤) 잠시 고민해봤는데 두 가지 이유가 있습니다. 우선 우리 반 학생들의 성장을 도왔다는 것, 그 자체로 보람을 느꼈기 때문입니다. 더불어 제가 제일 좋아하는 사회 교과 연구를 했기에 물리지 않고 끝까지 할 수 있었습니다. 만약 제가 싫어하는 수학 교과 연구를 했다면 연구를 즐기지는 못했을 거 같습니다."

제 대답을 들은 심사위원님이 크게 웃으시며 "그 말씀이 맞네요"라고 하시더라고요. 천재는 노력하는 자를 이길 수 없고, 노력하는 자는 즐기는 사람을 이길 수 없다고 했습니다. 기왕 1년 동안 연구를 한다면 내가 연구를 즐길 수 있는 방향으로 연구를 진행하는 것이 좋지 않을까요?

■ 수업혁신사례 연구대회 추진 일정 및 도비쌤 추천 개별 연구 과제(2024년도 기준)

| 시기 | 추진 일정 | 개별 연구 과제 |
|---|---|---|
| 1~2월 |  | • 전국 1등급 보고서 분석하기<br>• 대회 요강(심사기준표) 분석하기<br>• 주제 선정하기<br>• 수업 전략(단계) 구상하기 |
| 2~3월 |  | • 연구 주제(보고서 제목) 정하기<br>• 참고자료 수집하기 |
| 3~4월 | • 시도대회 시행 공고<br>• 연구대회 사전 설명회 개최<br>• 시도대회 계획서 접수 | • 실태(사전 설문 실시) 분석하기<br>• 연구 계획서 작성하기 |
| 4~7월 | • 연구대회 참가자 대상 컨설팅 실시(5~6월) | • 수업일지 작성하기<br>• 산출물 정리하기<br>• 연구 보고서 작성, 검토하기<br>• 예선 대회 서류 제출 준비하기 |
| 7~9월 | • 시도대회 출품 접수<br>• 시도대회 보고서, 수업 동영상 심사<br>• 현장 실사 | • 보고서, 수업 영상 제출하기<br>• 현장 실사 참가를 위한 포트폴리오 제작하기 |
| 9~10월 | • 입상자 확정 및 전국대회 참가자 컨설팅 실시 | • 전국대회 제출용 자료 보강하기 |
| 10월 | • 전국대회 출품 접수 | • 전국대회 출품하기 |
| 11~12월 초 | • 전국대회 심사위원 구성 및 심사 |  |
| 12월 | • 전국대회 입상 예정작 안내<br>• 전국대회 입상자 확정 및 시상 |  |

연구대회별 특징 및 전략

## 04 주요 연구대회별 특징 (2) – 교육자료전

교육자료전은 우리가 흔히 '교총'이라고 부르는 한국교원단체총연합회 주관으로 1970년부터 매년 시행되는 대회입니다. 이 대회의 목적은 우수한 교육자료를 교육현장에 소개하고, 교육자료 제작에 대한 교사들의 관심을 유발하며, 교육 방법 개선과 교육자료 개발을 촉진하는 것입니다 <sup>QR</sup>. 한마디로 **수업 자료를 만들어 현장에 투입하고 그 결과를 보고하는 연구대회**라 정리할 수 있습니다.

교육자료전은 2024년 기준으로 총 14개 분야(국어, 도덕, 사회, 수학, 과학, 실과, 체육, 음악, 미술, 외국어, 특수교육, 유아교육 및 통합교과, 인성교육 및 창의적 체험활동, 일반자료) 중 한 가지를 선택하여 참가합니다. 교육자료전은 개인 연구와 공동 연구 모두 가능합니다. 공동 연구의 경우 4인까지 가능하며 학교급별 간 공동 연구도 가능합니다. 다만, '학교급별 간 공동작은 반드시 공동자료 활용에 부합되어야 한다'는 전제가 깔려 있습니다. 교육자료전은 개인작보다는 2인 이상의 공동작을 권장합니다. 교육자료 제작 대회다 보니 참가 인원이 많을수록 유리합니다(이 대회는 제작한 교육자료의 아이디어가 정말 신선하거나, 아니면 압도적으로 교육자료의 양이 많으면 입상 확률이 매우 높다고 생각하니, 참고 정도만 하세요).

■ 2024년 교육자료전 심사 기준 및 배점

| 심사 기준 | 내용 | 배점 |
|---|---|---|
| 자료의 적절성 | ① 교육과정 및 교육활동과 직접 연관성이 있는가?<br>② 자료의 제작 목적이 명확하고 타당한가?<br>③ 교수·학습활동에 효과적으로 이용될 수 있는가? | 20점 |
| 창의성 | ① 자료가 참신하고 독창적인가?<br>② 본인이 직접 구상해 제작한 작품인가?<br>  (단순 기술 지원에 한하여 외부 지원 가능) | 20점 |
| 완성도 | ① 자료가 기본 목적과 설계에 따라 제작되었는가?<br>② 자료 제작 기술은 정밀한가?<br>③ 자료가 매체의 특성을 적절히 살리고 있는가?<br>④ 자료가 견고하고 사용이 편리한가?<br>⑤ 자료를 체계적으로 조직 정리하였는가? | 20점 |
| 교육에의 기여도 | ① 교육문제 해결을 위한 접근방법이 타당한가?<br>② 교육효과 증진에 도움이 되는가?<br>③ 현장교육 개선에 기여도가 높은가? | 20점 |
| 일반화 가능성 | ① 제작에 소요된 경비는 적절한가?<br>② 교육현장에 보급이 용이하고 경제성이 있는가?<br>③ 제작 자료의 재료 구입과 제작 방법이 용이한가? | 20점 |
| 합계 | | 100점 |

출처 : 전국교육자료전 심사기준 및 절차, 한국교원단체총연합회, 2024.

교육자료전에 참가하기로 결정했다면 크게 네 가지 일을 해야 합니다. 우선, 연구 계획서를 작성해야 합니다. 다른 대회들도 연구 계획서를 제출해야 하지 않느냐고요? 맞습니다. 다만, **교육자료전은 연구 계획서가 통과되지 못하면 대회 참가 자체가 불가능하다는 점에서 다른 연구대회와 다릅니다**(대부분의 연구대회는 연구 계획서 심사를 거치지만 웬만하면 통과시켜 줍니다). 그러므로 교육자료전은 연구 계획서 작성 단계에서부터 심혈을 기울여야 합니다. 공문을 통해 안내되는 운영 계획에서 심사 기준 및 배점을 반드시 확인하고 연구 계획서를 작성해야 합니다. 운영 계획에서 제시하는 심사 기준 및 배점이 교육자료 평가 척도이기 때문에 기준에 위배되는 자료는 입상하기 어렵습니다. 연구 계획서가 통과되면 각 지역 교육청에서는 교육자료 제작에 필요한 예산을 배정해줍니다. 금액은 지역별로 상이하기 때문에 소속 교육청에 문의해보는 것이 가장 정확합니다.

둘째, 교육자료를 제작해야 합니다. 교육자료전에서 자료는 '활용 매체'를 기준으로 크게 주자료와 보조자료로 구분됩니다. 과도한 자료 제출을 방지하기 위해 교육자료전에서는 주자료 이외의 보조자료 수를 두 개 이내로 제한합니다. 그래서 **교육자료전을 준비할 때는 어떤 자료를 주자료로 출품할 것인지, 주자료를 뒷받침할 수 있는 보조자료를 어떻게 구성할 것인지를 꼭 고민**해봐야 합니다.

요즘은 인공지능, 에듀테크를 활용한 교육자료 제작이 트렌드입니다. 그래서 교육자료를 제작할 때도 이와 관련된 기술 활용이 필수 불가결한 편입니다(교육자료전의 많은 입상작이 '애플리케이션'을 다루는 것이 이 의견을 뒷받침합니다).

"애플리케이션 개발은 무슨! 저는 인공지능, 에듀테크를 대회 입상작처럼 활용할 줄 모르는데요?"

그리 걱정하실 필요 없습니다. 정말 좋은 교육자료 아이디어라면 기술적 한계를 충분히 극복할 수 있습니다(실제로 매해 기술적 한계를 극복하고 입상하는 선생님들이 계십니다). 만약 정말 기술적 지원이 필요한 경우라면 단순 기술 지원에 한해 외부 지원을 받을 수 있습니다. 교육자료전에서 정말 중요한 점은 **'내가 만든 교육자료가 교육현장의 문제를 해결할 수 있을 만큼 쓸모가 있는가?'**입니다. 화려한 기술을 적용하지 않았다고 해서 내가 만든 자료가 무의미한 것은 아닙니다.

| 교육자료전 교수 매체 분류 기준(2024년 기준) | |
|---|---|
| 실물자료 | WBI 자료 |
| 모형자료 | 녹음자료(카세트, CD음악, MP3 등 디지털 사운드 포함) |
| 표본자료 | 파일자료(괘도, 사진, 카드, 그림 스크랩북, 도표, 설명 자료 등) |
| 조작자료(인형극, 그림극, 게임자료 등) | 멀티미디어 자료(CD-ROM 타이틀 기반) |
| TP/슬라이드 자료 | 모바일 자료(휴대폰, PDA 태블릿 PC 기반) |
| 영상자료(DVD 등) | |
| NIE 자료 | |

출처 : 「2024년도 제55회 전국교육자료전 추진요강」, 한국교원단체총연합회, 2024.

셋째, 연구 보고서를 작성해야 합니다. 교육자료전에서는 연구 보고서를 '교육자료설명서'라고 부르지만 일반 연구 보고서 작성과 크게 다르진 않습니다. 다만, 교육자료전에서는 연구 보고서를 '컬러'로 제출해야 합니다. 그래서 다른 연구대회들보다 연구 보고서의 디자인에 조금 더 신경을 써야 합니다(물론, 포토샵, 일러스트레이터를 사용할 정도는 아닙니다. 연구 보고서는 기본적으로 깔끔하면 그만입니다). 연구 보고서 분량은 30쪽 이내입니다. 2024년 대회 규정에 따르면 30쪽을 초과할 경우 3%(3점/100점)가 감점됩니다(이때 표지, 요약서, 목차는 분량에서 제외되며 부록은 분량에 포함됩니다).

마지막으로 교육자료설명서(연구 보고서) 심사를 통과했다면, 대면 심사를 준비해야 합니다. 대면 심사는 '작품 전시'와 '면접'으로 구성되어 있습니다. 작품 전시의 경우 대체로 예선은 지역 교육청 지정 장소, 전국대회는 한국교원대학교에서 이루어집니다(매해 심사 장소가 달라지니 운영 계획을 반드시 확인해야 합니다). 이때 제작한 자료를 모두 운반, 전시해야 합니다. 발표가 끝났다고 해서 작품을 바로 반출하진 않습니다. 지역별로 차이가 있으나 대체로 일정 기간 교육자료전 출품작 전시회를 개최하기 때문입니다. 그래서 일정 기간 작품을 전시하고 난 후 주최 측에서 제시하는 반출 날짜에 맞춰 자료를 반출하면 됩니다.

면접은 심사위원이 교육자료 실물 평가와 출품자와의 면담을 통해 작품을 심사하는 방식으로 진행됩니다. 통상 면접은 10분 이내로 이루어지며, 출품자 발표 5분, 질의응답 5분으로 구성됩니다(심사 시간의 경우 지역별로 다소 차이가 있을 수 있기 때문에 운영 계획을 꼭 참고해야 합니다).

| 발표 방식(공동 연구 기준) |
| --- |
| ① 혼자서 발표하고, 질의응답은 팀원이 함께 대답하기<br>② 두 명 또는 팀원끼리 발표 분량을 나눠 발표하기<br><br>* 발표자에 관한 별도 규정은 없음.<br>* 다만, 2024년 기준 공동작은 반드시 팀 전원이 참석하도록 안내됨. |

    대면 심사를 위해 내가 제작한 교육자료에 대해 주어진 시간에 맞게 설명할 수 있도록 반드시 준비해야 합니다. 교육자료에 대해 설명할 때는 ① 주자료와 보조자료가 무엇인지, ② 각 자료별 활용 방법은 무엇인지, ③ 자료 활용 시 어떤 효과가 있는지를 설명하면 됩니다. 더불어 심사위원이 교육자료에 대한 질문을 했을 때 막힘없이 답변할 수 있도록 질의응답 연습도 미리 해두는 것이 좋습니다.

안녕하세요. 지금부터 S.S.E.N. 온라인 체육 프로그램에 관한 설명을 진행하도록 하겠습니다. 저희는 현장에서 체력이 약한 학생들을 많이 보았습니다. 체력이 약한 학생들의 체력을 관리하기 위해서는 그 학생의 체력, 운동 기능 수준에 맞는 맞춤형 체력 프로그램을 운영해야 학생들의 체력을 기르는 데 도움이 됩니다. 하지만 코로나19로 인해 대부분의 수업이 온라인으로 전환된 지금, 온라인에서 학생들의 체력 향상을 위해 활용할 수 있는 체육 교수·학습 콘텐츠는 부족합니다. 물론 여러 선생님이 온라인 체육 콘텐츠를 제작하고 있지만 대부분 한국어로 자료를 제작합니다. 현장에서 관찰한 결과 한국어 능력이 부족한 다문화 가정 학생들이 이런 자료를 활용하기에는 한계가 있었습니다. 그래서 저희는 학생들의 체력 향상을 위해 온, 오프라인에서 모두 활용할 수 있는 S.S.E.N. 온라인 체력 프로그램을 개발했습니다.

S.S.E.N. 온라인 체육 프로그램은 학생들의 체력 향상을 지원하는 온라인 다국어 체육 교수·학습 프로그램입니다. 프로그램 운영을 위해 개발한 주자료로 첫째, S.S.E.N. 앱이 있습니다. S.S.E.N. 앱은 운동 목표 및 계획 수립, 실천, 평가, 공유, 피드백이 가능한 종합 신체 활동 애플리케이션이며 한국어, 중국어, 영어, 몽골어, 베트남어를 지원합니다. 앱에서는 주자료 2인 다국어 VR 시범 영상을 시청하고 주자료 3인 S.S.E.N. 관리자에서 전송한 평가 결과를 조회할 수 있습니다. 또한 자기동작 인식 기능이 탑재되어 있어 실시간으로 자신의 운동 동작을 점검할 수 있습니다. 둘째, 다국어 VR 시범 영상입니다. 한국어, 중국어, 베트남어, 몽골어, 영어, 즉 5개 국어 자막으로 운동 방법을 확인하고, 360도로 운동 동작을 확인할 수 있으며 학년군별, 개인/단체 운동별, 체력요소별로 요목화하여 주자료 1인 S.S.E.N. 앱에 탑재되어 있습니다. 셋째, S.S.E.N. 관리자입니다. S.S.E.N. 관리자는 학생 체력 관리 시스템으로 개별 학생 맞춤형 체력 평가 결과 및 피드백을 제공합니다. 개별 학생들의 체력 데이터를 꾸준히 관리할 수 있고, 교사의 필요, 교육과정의 변화에 따라 주자료 1인 S.S.E.N. 앱에 자료를 수시로 추가 탑재할 수 있습니다. 또한 개별 학생의 평가 결과를 바탕으로 맞춤형 피드백 자료인 S.S.E.N. 학생건강체력평가 보고서를 출력할 수 있고, PDF 자료로도 제작 가능합니다. 보조자료로는 첫째, S.S.E.N. 앱의 보조자료로 운동 계획 수립, 활동 보상제도 운영을 위한 S.S.E.N. 북(book), 둘째, 학생 피드백 보완 자료로 활용하는 S.S.E.N. 카드가 있습니다.

S.S.E.N. 온라인 체육 프로그램은 크게 4단계로 구성됩니다. 핵심 자료인 S.S.E.N. 앱을 중심으로 단계를 설명하겠습니다. 첫째, 계획하기에서는 S.S.E.N. 앱의 운동 목록을 바탕으로 운동 계획과 목표를 수립합니다. 이때 보조자료인 S.S.E.N. 북을 함께 활용합니다. 둘째, 실천하기에서는 S.S.E.N. 앱에 탑재된 다국어 VR 시범 영상으로 운동 방법을 익히고 자기동작 인식 기능으로 자신의 동작을 스스로 점검하며 운동을 합니다. 셋째, 평가하기입니다. 저희는 평가 방법으로 학생건강체력평가**PAPS**

의 평가 기준을 활용해 매달 1회 학생들의 체력 향상도를 체력요소별로 평가했습니다. 평가 결과는 주자료 2인 S.S.E.N. 관리자를 통해 정리하고, 학생들이 평가 결과를 S.S.E.N. 앱을 통해 확인할 수 있도록 했습니다. 넷째, 공유하기입니다. S.S.E.N. 앱의 PAPS 상세 결과 보기를 통해 학생, 학부모가 학생들의 체력 변화 과정을 확인하게 합니다. 그리고 주자료 2인 S.S.E.N. 관리자로 제작한 S.S.E.N. 학생건강체력평가 보고서를 통해 자기평가, 교사 피드백, 부족 체력요소별 운동 추천 등을 확인할 수 있도록 했습니다. 아울러 학생의 운동 과정을 사진, 동영상으로 S.S.E.N. 앱의 S.S.E.N. 카페에 게시하여 활동 과정을 친구들과 공유할 수 있도록 했습니다.

연구를 진행하며 겪었던 일들 중 가장 기억에 남는 일은 몽골 출신 학생을 지도할 때였습니다. 한국어를 잘하지 못해 수업 시간에 거의 엎드려서 자던 학생이었습니다. 그런데 원격 수업을 진행할 때 저희 자료를 활용했더니 학생이 눈을 반짝이며 열심히 수업에 참여하는 것을 발견했습니다. 이유를 물어봤더니 자기는 원래 몽골에서 공부를 열심히 해 늘 1등이었는데 한국에 와서는 한국어를 잘 몰라서 수업에 제대로 참여하지 못해 속상했다고 했습니다. 그런데 자기가 잘 아는 몽골어로 된 체육 수업 자료를 받아보니 정말 반갑고, 수업 내용을 이해하기 쉽고 운동이 재미있어서 열심히 하게 됐다는 것이었습니다. 코로나 때문에 바깥에 나가지 못해 살도 많이 쪘는데 저희가 만든 자료 덕분에 집안에서도 몽골에서 있었던 것처럼 열심히 신체 활동을 할 수 있어서 좋다고 말해줬습니다.

열정과 아이디어, 패기만으로 시작한 이 연구는 솔직히 쉽지 않았습니다. 하지만 저희의 연구 덕분에 코로나 상황에서도 수업에 열의를 가지고 적극 참여하는 학생들이 있어 큰 힘이 됐습니다. 부족한 연구이지만 앞으로도 학생들을 위해 보다 정진해보려고 합니다. 이상으로 발표를 마치겠습니다. 지금까지 발표를 들어주셔서 감사합니다.

**교육자료전의 가장 좋은 점은 입상 확률이 높다는 점**입니다. 최종 출품작의 60% 이내가 입상작으로 선정되며, 수업혁신사례 연구대회처럼 등급별 비율이 1:1:1입니다. 어느 정도 노력하면 충분히 입상할 수 있는 대회이기 때문에 많은 교사가 교육자료전에 도전하고 있습니다.

**교육자료전의 또 다른 장점은 팀플레이가 가능하다는 점**입니다. 개인적으로 연구 보고서 작성에 자신이 없지만 연구 점수가 필요한 사람에게 매우 적합한 연구대회라고 생각합니다(사람은 각기 다른 재능을 타고나는 법이니까요). 교육자료 제작 능력이 있다면 연구 보고서 작성 능력을 가진 사람과 힘을 합쳐 대회 참가가 가능합니다. 저의 경우 제가 연구 보고서 작성을 담당했고, 다른 3명의 친구는 교육자료 제작에 매진했습니다. 각자 잘

하는 영역에서 최선을 다했기 때문에 지역 1등급, 전국 1등급이라는 쾌거를 이룰 수 있었습니다. 개인적인 견해를 밝히자면 저는 연구 보고서 작성자 한 명, 자료 제작자 두세 명이 가장 좋은 팀원 구성이라고 생각합니다.

또한, **교육자료전 참가 경험은 겸직 및 부수입 창출에도 유리한 편입니다.** 교육자료전 입상작을 직접 눈으로 확인하며 최신 교육 트렌드를 빠르게 파악할 수 있습니다. 더불어 교육자료 제작 경험을 바탕으로 나만의 교육자료 제작 방식을 정립하고 해당 분야의 전문성을 높일 수 있습니다. 이러한 경험과 전문성을 바탕으로 다양한 겸직 기회를 통해 부수입을 창출할 수 있습니다. 예를 들어, 강사로 활동하며 특강이나 워크숍을 진행할 수 있고, 자신만의 교육자료나 교구를 개발하여 출판하거나 온라인 플랫폼을 통해 판매할 수 있습니다. 또한, 개인 교습이나 온라인 강의 제작 등을 통해 추가적인 수입을 얻을 수 있습니다. 이렇게 축적된 경험과 지식은 교육 분야에서의 다양한 부수입 창출 기회로 이어질 수 있어, 경제적 안정성을 높이는 데 도움이 됩니다.

교육자료전은 장점이 뚜렷한 만큼 단점도 뚜렷한 대회입니다. 이 대회는 방대한 자료 제작과 연구 보고서 작성을 동시에 해야 합니다. 그래서 팀원 간의 배려와 협력이 매우 중요합니다. 더불어 금전과 기동력 문제도 고민해봐야 합니다. 교육자료 제작 예산이 어느 정도 지원되긴 하지만 대체로 부족합니다(그렇다고 사비를 쓰는 것은 추천하지 않습니다). 또, 제작한 교육자료를 전시장까지 운반, 전시해야 합니다. 이때 기동력은 필수입니다. 개인 용달을 이용하면 된다지만 그 역시 큰 비용이 들기 때문에 가급적 기동력을 가진 팀원(SUV 차량을 운전하는 사람이 이 대회에서는 최고라고 생각합니다)이 있으면 좋습니다. 교육자료전 참가를 고민할 때 이러한 점들도 함께 고려해보는 건 어떨까요?

■ 교육자료전 추진 일정 및 도비쌤 추천 개별 연구 과제(2024 대전 기준)

| 시기 | 추진 일정 | 개별 연구 과제 |
|---|---|---|
| 1~2월 | | • 전국 1등급 보고서 분석하기<br>• 대회 요강(심사기준표) 분석하기<br>• 주제 및 수업 전략(단계) 구상<br>• 참고자료 수집하기 |
| 3월 | • 시도대회 시행 공고<br>• 시도대회 계획서 접수<br>• 심사 및 발표 | • 실태(사전 설문 실시) 분석하기<br>• 연구 계획서 작성, 제출하기 |
| 4~7월 | • 연구대회 참가자 대상 컨설팅 실시 | • 산출물 정리하기<br>• 연구 보고서 작성·검토하기<br>• 시도대회 출품 준비하기 |
| 7월 | • 시도대회 출품 접수<br>• 보고서 심사 및 대면 심사<br>• 심사 결과 발표<br>• 입상작 시상 및 전시<br>• 작품 반출 | • 시도대회 출품하기<br>• 작품 반입 및 전시(출품 작품 전시, 작품 설명표 게시)<br>• 대면 심사 준비하기 |
| 7~10월 | • 전국대회 참가자 컨설팅 실시 | • 전국대회 제출용 자료 보강하기 |
| 10월 | • 전국대회 출품 접수<br>• 보고서 심사 및 대면 심사<br>• 교육자료 온라인 갤러리 운영 | • 전국대회 출품하기<br>• 작품 반입 및 전시(출품 작품 전시, 작품 설명표 게시)<br>• 대면 심사 준비하기 |
| 10~11월 | • 최종 심사 결과 발표 및 시상 | |

연구대회별 특징 및 전략
## 05 주요 연구대회별 특징 (3) – 인성교육 실천사례 연구발표대회

인성교육 실천사례 연구발표대회는 교육부가 주최하는 대회이지만 해마다 주관하는 기관은 조금씩 달라집니다. 이 대회의 목적은 현장 중심의 인성교육 교수·학습 방법 및 교육자료 개발과 적용 사례를 발굴하는 것입니다. 그래서 **대회 취지에 맞게 인성교육 연구 계획을 수립하고, 1년 동안 인성교육 활동 실적을 지속적으로 기록하는 것이 매우 중요합니다** ᴽᴿ.

본 대회는 1인 1연구를 원칙으로 하며, 공동 연구는 불가합니다. 또한 교원, 기관 두 가지 분과로 나눠 운영되며 시도대회에서 1등급을 받을 경우 전국대회에 참가할 수 있습니다(비교 : 수업혁신사례 연구대회는 입상자 모두 전국대회에 참가할 수 있습니다). 최종 출품작의 40% 이내로 입상작을 선정하고, 1:2:3의 비율로 1~3등급을 받게 됩니다(대회 규정은 매해 조금씩 바뀌기 때문에 자신이 참가하는 해의 대회 운영 계획을 반드시 확인해야 합니다).

인성교육 실천사례 연구발표대회는 참가 시 해야 할 일이 크게 두 가지입니다(그래서 여타 다른 대회에 비해 해야 할 일이 적어서 많은 교사가 참가합니다). 첫째, 연구 보고서를 20쪽 이내로 작성하는 것입니다. 인성교육 실천사례 연구발표대회 연구 보고서는 여타 다른 연구대회와 한 가지 다른 점이 있습니다. 연구 보고서에서 '부록이 그다지 중요한 역할을 하지 않는다'는 것입니다. 연구 보고서 분량이 매우 적기 때문입니다. 대회 규정 상 부록은 5쪽 이내로 작성하라고 안내는 되어 있긴 합니다. 하지만 입상작들을 분석해 보면 부록은 대체로 참고문헌, 연구에 활용된 교육부 개발·인증 프로그램 정도만 언급하는 것에서 끝납니다. 그러니 부록에 대해 너무 고민하지 않으셨으면 합니다. 만약 부록을 작성한다면 연구 보고서 전문을 작성한 다음, 마지막에 약간의 공간을 할애하여 작성하는 것을 추천합니다.

둘째, 현장 심사입니다. 현장 심사는 간단한 면접을 통해 이루어집니다. 수업혁신사례 연구대회처럼 면접 대비를 위해 작성한 연구 보고서 내용을 숙지해야 합니다. 또, 평소에 연구 결과물(학생 활동 결과물)을 잘 정리하여 현장 실사 시 연구 증빙 자료로 포트폴리오로 제시하는 것을 추천합니다.

이 대회 연구를 시작하기에 앞서 두 가지를 준비해두면 많은 도움이 됩니다. 첫째, '제2차 인성교육 종합계획(2021~2025)'을 숙지하는 것입니다. 제2차 인성교육 종합계획은 2021년부터 2025년까지의 국가 수준 인성교육 정책의 방향과 목표를 제시하는 핵심 문서입니다. 이 계획은 교육과정과 함께 현행 학교 인성교육의 기반이 되므로, 인성교육 연구 계획을 세울 때 반드시 읽어봐야 합니다. 이를 읽을 때 ① 국가 정책 방향, ② 계획에 제시된 비전과 목표, ③ 주요 추진 과제에 유의하여 읽는 것이 좋습니다.

여기서 잠깐 제2차 인성교육 종합계획의 핵심 내용을 간단히 정리해볼까요? 이 계획의 핵심 비전은 '미래 사회를 주도할 인성 역량을 갖춘 민주시민 육성'이며, '책임 있는 사회 참여를 위한 시민적 인성과 타인, 공동체, 자연을 존중 배려하는 도덕적 함양'이 목표입니다. 아래의 표는 제2차 인성교육 종합계획 주요 추진 과제 중 제가 교실 단위에서 할 수 있는 인성교육 과제를 나름대로 정리한 것입니다. 연구 계획 수립 시 참고하시길 바랍니다(반드시 전문을 읽은 다음 표를 활용하셔야 합니다).

■ 제2차 인성교육 종합계획 추진 과제 (도비쌤 정리)

| **1. 학교 교육과정 내 인성교육의 안착** |
|---|
| • 교육과정 내에서 인성교육이 이루어질 수 있도록 학교 교육과정과 인성교육 관련 교육 계획의 연계성을 강화한다.<br>① 체육교육 활성화를 통한 건강한 인성 함양<br>② 예술교육을 통한 감성 및 정서 함양<br>③ 삶의 질을 높이는 인문소양교육 및 전통문화교육 활성화<br>④ 소통과 갈등해결을 위한 미디어 리터러시 교육<br>⑤ 학교폭력 예방 교육을 통한 학생의 건전한 인성 함양<br>⑥ 심성 순화 및 준법의식 향상을 위한 법 교육<br>⑦ 자연과 더불어 살기 위한 환경교육 활성화<br>⑧ 정서적 안정과 감수성 함양을 위한 산림교육<br>⑨ 생명의 소중함을 배우는 동물보호교육(농림축산식품부)<br>⑩ 청소년의 지역사회 참여를 통한 인성 함양 |
| **2. 인권교육 친화적 학교 환경 조성** |
| **1) 민주적 학교문화 조성** : 학생이 기획하고 실천하는 학생자치 확산<br>**2) 소통·배려·존중하는 학교생활**<br>① 공동체 활동 및 또래활동을 통해 비폭력·상호 이해와 존중 문화를 확산하고, 학생 주도적 언어문화 인식 제고 및 언어폭력 예방 활성화<br>② 학생 주도의 자율적 사이버폭력 예방활동 활성화를 통해 폭력 인지 감수성 향상 및 단위학교 사이버폭력 예방<br>③ 장애학생·다문화학생 인권보호 및 존중문화 조성<br>④ 교사·학생 상호 간 소통에 바탕을 둔 교육활동 존중 문화 조성 |

| 3. 가정, 지역사회와 함께하는 인성교육 |
| --- |

**1) 가정에서의 인성교육 지원**
　① 학부모의 자녀 인성교육 역량 강화(가족, 독서, 미디어, 학교폭력예방 등을 주제로 한 밥상머리 교육)
　② 가족 친화적 사회 환경 조성
**2) 지역사회 참여 활성화** : 지역사회의 현장 체험 학습시설 및 교육프로그램을 활용한 인성교육 활성화

참고 : 「제2차 인성교육 종합계획」, 교육부, 2020.

　둘째, 교육부가 개발, 인증한 인성교육 프로그램을 적극 활용하는 것입니다. 교육부는 제2차 인성교육 종합계획을 바탕으로 다양한 인성교육 프로그램을 개발해왔습니다. 교육부가 현장에서 적극적으로 활용하라고 권장하는 만큼 연구 활동 프로그램을 구안할 때 참고하는 것이 좋습니다. 이때 참고할 만한 누리집 하나를 소개하겠습니다. 바로 '미리네(miline.or.kr)'입니다.

　미리네는 미디어교육자료와 최신 정보 공유 등 학교 미디어교육 활동 지원 플랫폼입니다. [누리집 접속] → [교육 콘텐츠] → [교수학습자료]에 접속하면 교육부가 개발, 인증한 인성교육 프로그램을 학교별, 학년군별로 찾아볼 수 있습니다.

　인성교육 실천사례 연구발표대회는 장점이 많은 대회입니다. 첫째, 다른 연구 대회에 비해 할 일이 정말 적습니다. 수업혁신사례 연구대회는 교수 · 학습과정안, 수업일지도 작성하고, 수업 동영상도 촬영해야 하는데 인성교육 실천사례 연구발표대회는 연구 보

고서 작성만 하면 끝입니다. 둘째, 인성교육 실천사례 연구발표대회는 20쪽짜리 연구 보고서 형식으로 연구대회 운영을 오래 했기 때문에 등급을 받는 정형화된 연구 보고서 형식이 존재합니다. 전국 1등급 입상작의 기본적인 룰만 잘 분석하면 연구 보고서 작성의 기본 틀을 어느 정도 갖출 수 있습니다. 셋째, 연구 보고서 제출을 9월에 한다는 점입니다. 아무리 연구 보고서의 분량이 다른 연구 대회에 비해 적다고 하더라도, 학기 중에 연구 보고서를 쓴다는 것은 결코 쉬운 일이 아닙니다. 2024년 기준 인성교육 실천사례 연구발표대회는 연구 보고서 제출을 9월에 합니다. 방학 기간 동안 조금 여유롭게 연구 보고서를 작성할 수 있다는 뜻입니다. 임신, 출산, 육아 문제로 학기 중에 연구 보고서 작성이 어려운 선생님들은 이 부분을 고려해 보는 것이 좋습니다.

넷째, 참고할 수 있는 자료가 굉장히 많습니다. 인성교육 실천사례 연구발표대회로 유명하신 예둘샘의 블로그(https://blog.naver.com/gtdaniel)가 대표적입니다. 만약 인성교육 실천사례 연구발표대회에 참가하기로 결정했다면 예둘샘의 보고서 작성법 시리즈를 꼭 읽어보시길 권합니다. 부크크(bookk.co.kr)와 같은 온라인 서점에서 쉽게 구입할 수 있습니다.

| 번호 | 교과목 | 학교급(학년) | 자료명 | 발행일 | 조회수 |
|---|---|---|---|---|---|
| 35 | 통합과목 | 초등 1-2 초등 3-4 초등 5-6 | [미디어탐구생활][초등] 평화_평화 이미지 작가가 되다! ♥ 1 | 2022-02-28 | 829 |
| 34 | 통합과목 | 초등 1-2 초등 3-4 초등 5-6 | [미디어탐구생활][초등]인권_모두가 동등하게 접근할 수 있는 학교 누리집 개선 프로젝트 ♥ 0 | 2022-02-28 | 829 |
| 33 | 통합과목 | 초등 1-2 초등 3-4 초등 5-6 | [미디어탐구생활][초등]인권_온라인에서의 어린이 인권 보호를 위한 모의법안 만들기 ♥ 0 | 2022-02-28 | 989 |
| 32 | 통합과목 | 초등 1-2 초등 3-4 초등 5-6 | [미디어탐구생활][초등]환경_세상을 바꾸는 에코크리에이터의 광고 ♥ 0 | 2022-02-28 | 1130 |
| 31 | 통합과목 | 고등학교 중학교 초등 1-2 초등 3-4 초등 5-6 | [미디어탐구생활][초등]환경_무늬만 환경(그린워싱)-친환경 광고에 감춰진 진실들 ♥ 1 | 2022-02-28 | 1634 |
| 30 | 통합과목 | 초등 1-2 초등 3-4 초등 5-6 | [미디어탐구생활][초등] 사회참여_행복한 사회를 만드는 "희망의 메시지" ♥ 1 | 2022-02-28 | 815 |
| 29 | 창체 및 기타 | 중학교 | [중학] 사이버미학(정보윤리 교재) ♥ 2 | 2021-03-30 | 3364 |
| 28 | 창체 및 기타 | 초등 5-6 | [초등] 사이버미학(정보윤리 교재) ♥ 3 | 2021-03-30 | 5140 |
| 27 | 국어 | 고등학교 | 고등학교 1학년 국어과 인성교육 지도자료 ♥ 2 | 2021-02-17 | 4514 |
| 26 | 국어 | 중학교 | 중학교 1학년 국어과 인성교육 지도자료 ♥ 2 | 2021-02-16 | 4052 |

1  2  3  **4**  5  6  7

■ 인성교육 실천사례 연구발표대회 참고 도서

- 예둘샘의 쉽게 쓰는 인성교육 실천사례 연구대회 보고서 작성법
- 예둘샘의 쉽게 쓰는 인성교육 실천사례 연구대회 보고서 작성법 2
- 예둘샘의 금방 쓰는 진로교육 실천사례 연구대회 보고서 작성법

　인성교육 실천사례 연구발표대회도 당연히 단점은 존재합니다. 첫째, 2024년 기준 전국 대회 진출 시 연구 보고서 수정이 불가했습니다. 2025년 대회 규정을 확인해봐야겠지만, 연구 보고서 수정이 안 된다는 점은 이 대회에서 가장 아쉬운 부분이라고 생각합니다. 둘째, 인성 교육 측면에서 다른 교사들과 차별화하는 것이 매우 어렵다는 점입니다. 대회 역사가 매우 길기도 하고, 워낙 기라성 같은 분들이 매해 창의적인 아이디어를 자랑하시기 때문에 차별화가 쉽지 않습니다. 그래도 2025년은 사회정서교육 프로그램이 본격적으로 들어오는 해이니 이를 잘 활용한다면 나름대로 변속구가 되지 않을까 생각합니다. 셋째, 입상 비율이 적다는 점입니다. 2024년을 기준으로 했을 때 전체 출품작의 40%만 입상하는 것이 이 대회의 특징입니다. 이 와중에 지역1등급이 아니면 전국 대회 출전도 불가합니다. 등급 비율도 1등급, 2등급, 3등급 비율이 1:2:3으로 수업혁신사례연구대회나 교육자료전을 생각했을 때는 다소 아쉽게 느껴집니다.

　그럼에도 인성교육 실천사례 연구발표대회는 교육 현장에서 필요로 하는 '인성 교육'을 심층적으로 연구한다는 측면에서 몹시 중요한 연구 대회입니다. 학급 학생들과 긍정적인 라포를 형성하고, 자신만의 참신한 학급경영 시스템을 구축하고 싶을 때 이 대회에 참가하는 것이 어떤가 합니다.

## 06 | 연구대회별 특징 및 전략
# 어떤 대회에 참가하는 것이 좋을까?

"도비쌤, 그래서 전 어떤 연구대회에 나가는 게 좋을까요?"

저는 연구대회에 참가할 때 크게 두 가지를 고려합니다. 첫째는 '많은 사람이 참가하는 대회/종목(교과)인가?'입니다. 기왕 연구대회에 참가한다면 '입상'을 하는 것이 낫지 않을까요? 연구대회의 입상은 비율로 정해집니다. 이 경우 참가자가 많을수록 입상작의 수는 늘어납니다. 예를 들어볼까요? 대회 규정상 출품작의 40%가 입상한다고 가정해봅시다. 이 경우 100명이 나가는 대회에서는 입상자가 40명이지만, 1,000명이 나가는 대회라면 400명이 입상할 수 있습니다. 노력하는 에너지 총량이 비슷하다면 내가 입상하기 유리한 조건의 연구대회를 선택하는 것이 유리합니다(앞서 수업혁신사례 연구대회, 교육자료전, 인성교육 실천사례 연구발표대회를 설명한 까닭도 이 세 대회가 사람들이 다른 대회에 비해 많이 참가하기 때문입니다).

둘째, '등급별 입상 비율이 균일한가?'입니다. 등급별 입상 비율이 균일하다는 것은 높은 등급을 받을 확률이 높다는 것입니다. 예를 들어 살펴볼까요? 600명이 참가하는 대회의 1등급, 2등급, 3등급 비율이 1:2:3이라면 1등급 100명, 2등급 200명, 3등급 300명이 됩니다. 하지만 동일 인원이 참가하는 대회의 1등급, 2등급, 3등급 비율이 1:1:1이라면 1등급 200명, 2등급 200명, 3등급 200명이 됩니다. 전자에 비해 후자가 상대적으로 높은 등급을 받을 확률이 높습니다. 1년이라는 긴 시간을 투자한 만큼 노력에 따른 유의미한 실적을 거두는 것은 매우 중요합니다. 그래야 다음 해에도 또 참가할 동기 부여가 되거든요. 아울러 승진에 필요한 연구 점수가 급한 선생님들의 경우 최대한 높은 등급을 많이 주는 대회에 참가하는 것이 유리합니다. 그래서 등급별 입상 비율이 균일한 대회에 참가하는 것을 권하는 것입니다.

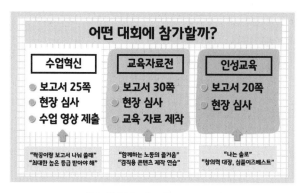

연구대회별 비교 (도비쌤 기준)

셋째, 내가 잘하고, 관심 있는 분야를 선택합니다. 내가 연구 보고서 작성에 강점이 있다면 연구 보고서 위주로 평가하는 1군 대회에 참가하면 됩니다. 내가 교육자료 제작 능력이 탁월하다면 교육자료전과 같이 교육자료 제작에 특화된 연구대회에 참가하면 됩니다. 공동 연구를 진행하고 싶다면 공동 연구가 허용된 수업혁신사례 연구대회나 교육자료전에 참가하면 됩니다(내가 연구 보고서에 자신이 없다면 연구 보고서 잘 쓰는 사람과 함께 교육자료전에 참가하는 것을 강력하게 추천합니다). 내가 창의적인 수업 아이디어는 풍부한데 연구 보고서 작성하는 것이 부담스럽다면 작성 분량이 가장 적은 인성교육 실천사례 연구발표대회에 도전해볼 수 있습니다.

넷째, 패자부활전을 염두해 두는 것이 좋습니다. 연구대회에 열심히 참가했음에도 입상하지 못한다면 정말 속상하겠지요? 그래서 이에 대한 대비를 해 두는 것이 좋습니다. 저는 그 대비책으로 현장교육 연구대회와 전국초등교육 연구대회를 추천합니다. 먼저 현장교육 연구대회는 교총에서 주관하는 3군 연구대회로 크게 인성, 교과, 창체 분과로 구성되어 있습니다. 대부분의 메이저 대회(인성교육 실천사례 연구발표대회, 수업혁신사례 연구대회, 교육자료전 등)들은 그 전에 대부분 결과 발표가 나옵니다. 만약 참가한 연구대회에 입상하지 못했다면 작성했던 연구 보고서를 보강하여, 1군 대회 결과 발표 이후에 연구 보고서를 접수하는 현장교육 연구대회에 참가하면 됩니다. 어차피 탈락한 연구 보고서, 한 번 더 제출해 본다고 해서 아쉬울 것 없잖아요? 단, 이 방법을 쓰고 싶다면 3~4월에 메이저 대회 계획서와 현장교육 연구대회 계획서를 함께 제출하면 됩니다. 이

때 계획서 내용은 똑같아도 상관없습니다.

전국초등교육 연구대회 역시 교총에서 주관하는 3군 연구대회로 초등 교원만 참가할 수 있습니다. 전국초등교육 연구대회는 별도의 계획서 제출 없이 8월에 연구 보고서를 제출하면 됩니다. 이 대회의 가장 큰 장점은 이전 년도 연구를 재활용할 수 있다는 점입니다. 떨어진 연구 보고서를 다시 한 번 활용해 재도전할 수 있지만, 입상 확률은 다른 연구대회에 비해 낮은 편인 점을 감안해야 합니다.

연구대회에 참가할 때 주의할 점을 알아볼까요? 우선, 같은 군의 연구대회는 중복 출품이 불가능합니다. 계획서도 제출하면 안 됩니다. 또, 다른 군에 속한 대회라도 같은 연구 주제로 출품할 수 없습니다. 자기표절에 걸릴 수 있기 때문입니다. 이해하기 쉽게 예를 통해 살펴볼까요? 동일 주제로 수업혁신사례 연구대회와 현장교육 연구대회에 참가한다고 가정해 봅시다. 둘 다 계획서를 내는 것은 상관없습니다. 하지만 수업혁신사례 연구대회에서 입상했다면 현장교육 연구대회에는 연구 보고서를 출품하면 안 됩니다.

둘째, 연구 점수는 당해 최고 등급 단 하나만 인정합니다. 예를 들어 수업혁신사례 연구대회에서 전국 1등급, 교육자료전에서 지역 1등급을 받았다면 수업혁신사례 연구대회 전국 1등급 점수(1.5점)만 인정됩니다. 다만, 교총이 주관하는 연구대회는 연구 다음 연도로 입상 실적을 인정합니다. 쉽게 말해 올해 출품해도 내년 연구 점수로 인정받을 수 있다는 뜻입니다. 2024년에 교육자료전(2군 연구대회)에서 지역 1등급, 현장교육 연구대회(3군 연구대회)에서 지역 3등급을 받았다면 교육자료전 점수는 2024년 연구 실적으로 인정되어 1점으로 기록되고, 현장교육 연구대회 점수는 2025년에 인정되어 0.5점을 받습니다. 그러니 총 1.5점을 받을 수 있는 거죠. 연구 주제가 다르다면 이 전략도 생각해 보면 좋겠지요?

연구대회는 1년이라는 긴 시간 동안 교육 연구에 온 힘을 다해야 하는 대회입니다. 포기하지 않고 끝까지 완주하기 위해서는 연구자 본인 스스로 연구 활동을 즐길 수 있어야 합니다. 연구 과정에서 얻은 통찰과 경험은 교사 개인의 성장뿐만 아니라 교육현장의 발전에도 크게 기여할 수 있습니다. 자신에게 맞는 대회를 선택하고, 열정을 가지고 도전한다면 값진 경험과 성과를 얻을 수 있을 것입니다.

CHAPTER
2

# 연구의 기초

# 보고서 작성에 대한 오해

 '연구대회'에 도전하고 싶은 마음이 생겼습니다. 수업을 기록하고 연구하는 것이 제 성장에 도움이 될 것 같아요. 그런데 연구 보고서를 작성하는 일이 어렵고 부담스럽다는 이야기를 들었습니다. 연구 초보자에게 연구 보고서 작성이 몹시 어려울까요?

 보고서 작성에 대한 오해
## 01 보고서 양식은 화려해야 한다?

연구대회에서 입상하기 위해서는 '연구 보고서의 디자인이 화려해야 한다'라는 소문이 있습니다. 전국 1등급 연구 보고서들을 살펴보면 눈이 휘둥그레질 만큼 화려한 경우가 많아 이런 소문이 도는 것 같습니다.

"난 이렇게 디자인을 할 만한 실력이 아닌데 어떻게 하지?"

형형색색의 화려한 보고서 디자인에 압도당한 몇몇 선생님들은 보고서 디자인을 위해 포토샵, 일러스트레이터와 같은 디자인 전문 프로그램을 배우기도 합니다. 심한 경우, 보고서 디자인을 사설 업체에 의뢰하기도 합니다.

그런데 **연구 보고서 디자인은 화려할 필요가 전혀 없습니다.** 보고서 디자인의 핵심은 '보고서의 중요 내용을 강조하는 것'에 있습니다. 지나치게 화려한 보고서 디자인은 보고서 내용의 가독성을 떨어뜨립니다. 내가 열심히 노력한 연구 결과가 지나치게 화려한 디자인에 묻혀 제대로 평가받지 못한다면? 그것만큼 억울한 일도 없습니다.

더불어 연구대회 개최의 핵심 목표는 '교육현장에서 일반화할 수 있는 훌륭한 수업 아이디어를 발굴하는 것'입니다. **현장에서 필요로 하는 것은 연구 보고서의 디자인이 아닙니다. 연구 보고서에 담긴 실질적인 수업 혁신 아이디어입니다.** 따라서 보고서 디자인만 화려하고, 보고서 내용이 영양가가 없다면, 그 연구 보고서는 빛 좋은 개살구일 뿐입니다.

보고서 작성에 대한 오해

## 02 보고서 내용은 빽빽할수록 좋다?

'연구 보고서의 디자인이 화려해야 한다'는 말만큼 자주 언급되는 소문으로 '보고서는 빽빽할수록 좋다'가 있습니다. 제한된 크기의 종이에 최대한 많은 글을 작성하는 것이 입상에 유리하다는 소문이 있는데 결론부터 말하면, 아닙니다. 글자 간, 문장 간 간격이 지나치게 좁을수록, 쓸데없는 미사여구, 중복된 문구가 반복될수록 가독성은 떨어집니다. 아래 두 개의 예시가 있습니다. 둘 중 어떤 것이 가독성이 좋은지 살펴볼까요?

| 가 | 학생들의 흥미와 개인차를 존중하는 새로운 콘텐츠 개발 |
|---|---|
| 줄간격 150% | ▶ 선행 연구 결과를 토대로 살펴보면 선행 연구자들은 본 연구에서 개발한 교육 자료가 학생들의 학습 활동에 유의미한 효과를 보일 수 있다고 해석한다. 본 연구의 교육 자료를 통해 다양한 학습자들의 특성과 의견을 존중하는 교수·학습 활동이 구현되어 학생들의 체력 증진을 꾀하고, 나아가 학생들이 바람직한 인성과 자질을 갖춘 전인으로 성장할 수 있으리라 기대한다. |
| 가 | 학생들의 흥미와 개인차를 존중하는 새로운 콘텐츠 개발 |
| 줄간격 130% | ▶ 선행 연구 결과를 토대로 살펴보면 선행 연구자들은 본 연구에서 개발한 교육 자료가 학생들의 학습 활동에 유의미한 효과를 보일 수 있다고 해석한다. 본 연구의 교육 자료를 통해 다양한 학습자들의 특성과 의견을 존중하는 교수·학습 활동이 구현되어 학생들의 체력 증진을 꾀하고, 나아가 학생들이 바람직한 인성과 자질을 갖춘 전인으로 성장할 수 있으리라 기대한다. |

한눈에 봐도 줄 간격 150%가 줄 간격 130%보다 가독성이 훨씬 좋습니다. **연구 보고서는 정선된 핵심 내용을 중심으로 작성할 때 빛을 발휘**합니다. 연구 보고서의 분량을 늘리기 위해 쓸데없이 미사여구나 중복되는 문구를 반복하지 않도록 유의해야 합니다. **독자가**

내용을 읽었을 때 핵심 문장을 바로 떠올릴 수 있게 작성하는 것이 연구 보고서를 잘 작성하는 **방법**입니다.

보고서 작성에 대한 오해
## 03 연구 프로그램(학생 활동 프로그램)은 많을수록 좋다?

"와, 이렇게 연구 프로그램을 많이 운영했으니까 전국 1등급을 받았던 거구나! 나도 이렇게 연구 프로그램을 많이 운영해야겠다!"

연구 초보자가 자주 하는 실수 중 하나는 백화점 나열식으로 실천한 연구 프로그램을 무작정 많이 적는 것입니다. 1년 동안 힘들게 자신이 실천한 모든 연구 프로그램을 심사위원에게 모두 보여주고 싶은 그 마음, 충분히 이해합니다.

하지만 소개하는 연구 프로그램 활동이 너무 많으면 각각의 활동에 관한 서술의 깊이가 얕아집니다. 우리는 단순히 수업 활동 방법을 소개하는 보고서를 쓰는 것이 아닙니다. 연구자가 연구 보고서를 쓸 때는 **교실에서 실천한 사례들이 교육현장에 얼마나 도움이 되는지, 그 효과와 시사점을 강조**하여 써야 합니다.

잠깐 제 사례를 살펴볼까요? 저는 2017년, 2018년 진로교육 실천사례 연구발표대회에 참가했습니다. 왼쪽에 있는 보고서가 2017년에 작성한 연구 보고서고, 오른쪽이 2018년에 작성한 연구 보고서입니다. 저는 2017년 대회에서는 탈락했고, 2018년 대회에서는 전국 3등급을 받았습니다.

저는 비슷한 연구 내용임에도 불구하고, 2017년 대회는 탈락하고, 2018년 대회는 입상한 이유가 궁금했습니다. 그래서 심사위원 출신이신 교장, 교감 선생님, 수석 선생님께 제 보고서를 보여드렸습니다. 그러자 그분들께서 단호하게 말씀하셨습니다.

"도비쌤이 입상을 할 수 있었던 이유는 연구 주제에 맞는 정선된 활동을 바탕으로 실천 내용, 교육적 효과, 시사점을 자세히 적었기 때문입니다."

사실 연구 보고서를 작성할 때 백화점식 나열을 지양하라는 피드백은 심사위원들 사

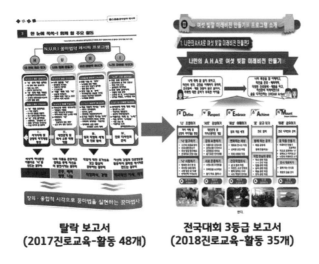

**탈락 보고서**
**(2017진로교육-활동 48개)**

**전국대회 3등급 보고서**
**(2018진로교육-활동 35개)**

이에서 거의 매년 나왔습니다. 2022년 인성교육 실천사례 연구발표대회의 심사위원들은 대회 심사가 마무리된 후 아래와 같은 심사평을 남겼습니다.

> "사례 나열식 제시보다는 주제와 목표에 맞게 구체적으로 실천한 내용과 학생, 학부모의 피드백을 중심으로 한 성과가 드러나도록 작성하기."
>
> 2022. 10. 심사위원 일동

 결론을 정리하면, **연구 내용을 작성할 때는 나의 연구 주제에 맞는, 정선된 활동을 중심으로 쓰는 것**이 좋습니다. 내 연구의 핵심을 독자들이 잘 이해할 수 있도록 말입니다.

# 연구 보고서 작성의 핵심

 교직 경력은 꽤 되지만 연구대회 참가는 처음입니다. 그래서 어디서부터 시작해야 할지 고민이 많습니다. 연구 주제는 어떻게 정해야 할지, 기본적인 연구 보고서 양식은 어떻게 맞춰야 하는지 잘 모르겠습니다. 연구 보고서를 작성할 때 꼭 고려해야 하는 점들에는 어떤 것이 있을까요?

 연구 보고서 작성의 핵심
## 01 연구 주제의 독창성

심사위원이 연구 보고서를 받고 가장 먼저 하는 일이 무엇일까요? 바로 '연구 주제'를 확인하는 일입니다. 연구 보고서의 핵심이 '연구 주제'이기 때문입니다. 연구 주제는 연구 방향을 결정하는 거대한 나침반과 같습니다. 연구 주제에 따라 연구 프로그램을 어떻게 구성하고, 실천할지가 결정되기 때문입니다. 심사위원을 비롯한 독자가 연구 보고서를 읽었을 때 **'연구 주제와 연구의 필요성이 얼마나 설득력이 있는가?'**가 연구 보고서 작성의 첫 번째 핵심입니다.

전체 연구 과정에서 연구 주제 선정에 얼마나 시간을 할애하는 것이 좋을까요? 전체 시간을 100%로 가정했을 때 저는 적어도 60%는 연구 주제 선정에 할애해야 한다고 말합니다. 저는 연구대회에 참가하기로 한 순간부터 최소 한두 달은 연구 주제 선정에 심혈을 기울입니다.

"선생님, 연구 주제의 독창성은 어떻게 확보할 수 있을까요?"

**첫째, 교육 트렌드를 파악하는 것입니다.** 연구대회는 트렌드가 정말 중요합니다. 한창 인기 있는 주제가 있는가 하면, 한때 인기가 있었지만, 지금은 그렇지 못한 주제도 있습니다. 연구의 최신성을 확보하기 위해서라도 교육 트렌드를 파악하는 것은 매우 중요합니다. 그렇다면 교육 트렌드는 어떻게 확보할 수 있을까요? 저는 세 가지 방법을 제시합니다.

■ **도비쌤의 교육 트렌드 확인 방법**

> ① 2022 개정 교육과정 및 전국 1등급 입상작 분석하기
> ② 교육박람회, 교육자료전 전시회 등 실물 전시회 참가하기
> ③ 뉴스, 신문 등을 통해 시사적인 부분 확인하기

첫째, 2022 개정 교육과정과 최소 최근 3년치의 전국 1등급 입상작을 분석해야 합니다 QR. 2022 개정 교육과정 원문은 국가교육과정정보센터 홈페이지에서 확인할 수 있습니다. 2022 개정 교육과정에서 강조하는 핵심 역량과 기본소양을 잘 분석하여 연구 전반에 녹여 내는 것이 매우 중요합니다. 2022 개정 교육과정을 분석할 때 함께 참고하면 좋을 자료를 공유하니 시간을 내서 꼭 확인하시길 바랍니다.

전국 1등급 입상작은 에듀넷-티클리어와 지역 교육청에서 운영하는 누리집[예 에듀랑(대전)]에서 가입 후 확인할 수 있습니다. 전국 1등급 입상작을 찾고, 분석하는 방법은 뒤에서 다시 자세하게 다루도록 하겠습니다.

둘째, 교육박람회, 교육자료전 전시회 등 실물 전시회에 참가하는 것입니다 QR. 교육박람회는 주로 각 시·도교육청과 교육부가 주관하고, 주로 그 해의 중요한 교육 정책을 중심으로 교육박람회를 준비합니다.

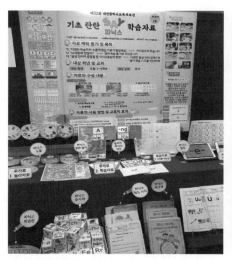

2020년 교육자료전 전시(대전 예선)          2020년 전국교육자료전 전시

    교육자료전 전시회는 각 지역 교육청과 교총(한국교원단체총연합회)에서 주관합니다. 대체로 대회 예선이 끝나면, 입상작을 전시합니다. [업무 포털]-[문서등록대장(키워드 : 교육자료전)]을 검색하면 소속 교육청에서 언제 교육자료전 전시회를 개최하는지 확인할 수 있습니다. 교총 홈페이지(https://www.kfta.or.kr) 〉 연구대회/자료전 〉 Online Gallery 를 통해 당해 입상작을 영상 자료를 통해 확인할 수도 있습니다.

    셋째, 뉴스, 신문 등을 통해 최근 사회적으로 주목하는 사건들을 확인합니다. 심사위원도 사람인지라 모든 사회 이슈를 알지 못합니다. 그러므로 '나만 아는 사건'이 아닌, 다수의 대중이 알만한 사건과 교육 정책을 연결 지어 생각하면 좋습니다. 물론 〈대한민국 교육 트렌드(에듀니티)〉, 〈대한민국 미래교육트렌드(뜨인돌)〉, 〈디지털 교육 트렌드 리포트〉 등의 같은 트렌드 분석 도서를 참고해도 좋습니다.

    교육 트렌드를 파악하는 것만큼 중요한 것은 **'나만의 특색 활동'을 연구 프로그램에 반영하는 것**입니다. 하브루타, 에듀테크, 프로젝트 학습 등 그 어떠한 것이라도 괜찮습니다. 다른 사람들과 차별화되는, 자신이 가장 자신 있는 교육 특기를 활용하여 연구 프로그램을 구성하는 것이 좋습니다. 만약 자신 있는 교육 특기가 당장 떠오르지 않는다면 뒷부분 57쪽의 '자기 진단 설문지'를 활용해 나만의 교육 특기를 찾아봅시다.

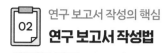
"전국 1등급 보고서 양식을 그대로 사용하여 대회에 나가면 전국 1등급을 받을 수 있다."

연구대회에 참가하는 선생님들 사이에서 암암리에 도는 소문입니다. 사실, 전국 1등급 입상작의 보고서 양식을 그대로 사용하는 것은 표절입니다. 하지만 달리 생각해보면 그만큼 입상작의 보고서 양식이 연구 보고서에서 지향하는 '기본'에 충실했다는 의미이기도 합니다. 따라서 **우수 보고서의 양식을 참고하여 나만의 연구 보고서 양식을 제작하는 것이 필요**합니다.

"이러니까 연구대회가 허례허식이 많다고 하는 거예요. 연구 내용이 제일 중요한데 왜 쓸데없이 보고서 양식에 집착해요?"

이렇게 말하는 몇몇 선생님들도 있습니다. 이 선생님들 말이 틀린 것이 아닙니다. 저 역시 연구에서 가장 중요한 것은 '연구 내용'이지 연구 보고서의 형식은 아니라는 것에 동의합니다. 연구 내용과 연구 보고서의 양식의 중요도를 비교하자면 당연히 전자가 더 중요합니다. 하지만 그렇다고 해서 연구 보고서 양식이 중요하지 않다는 걸까요?

2020년 교육자료전 연구 보고서를 검토해주시던 심사위원 출신 교장 선생님께서 제게 이렇게 말씀하셨습니다.

"음식이 아무리 맛있어도 예쁘게 그릇에 담기지 않으면 사람들은 좋아하지 않아요. 연구 보고서 양식도 그래요. 연구 보고서는 말 그대로 '보고서'이기 때문에 기본적인 작성법이 있어요. 그래서 연구 보고서를 보면 연구자가 연구의 기본을 아는지, 모르는지를 가늠할 수 있죠. 그래서 연구 보고서 작성법이 중요한 거예요."

하지만 연구 보고서 작성법이라고 해서 그렇게 어려운 것이 아닙니다. 또한 연구 보고서의 '디자인'만을 말하는 것이 아닙니다. **연구 보고서에 기본적으로 꼭 들어가야 하는 요소들을 연구 보고서에 포함하는 것이 핵심**입니다. 연구 보고서에 꼭 들어가야 하는 핵심 요소들은 Chapter 3에서 자세히 이야기하겠습니다.

# 03 연구 내용의 진실성

연구대회에 일가견이 있는 선생님들을 만나면 한결같이 이렇게 말씀하십니다.

"심사위원들은 연구 보고서를 읽으면 이 연구가 실제로 이루어진 것인지, 아닌지 바로 알 수 있어요. 그리고 이 연구가 교사와 학생들에게 도움이 되는지를 중요하게 봐요."

저는 강의에서 제 경험과 연구대회에 일가견이 있는 분들의 이야기를 종합해 심사위원들이 연구 보고서에서 가장 바라는 점을 한 줄로 요약하여 설명합니다.

"어른의 논리와 아이들의 즐거운 반응."

심사위원들은 **연구자가 논리적으로 이해할 수 있고, 감정적으로 공감할 수 있는 연구 결과를 제시**하길 바랍니다. 그러므로 연구 보고서를 작성할 때 에세이를 쓰는 것처럼 지나치게 감성적으로 작성하지 않도록 유의해야 합니다.

**연구비법**
with 도비쌤

# 자기 진단 설문지

연구 주제 선정을 위해서는 먼저 자신이 가장 잘하는,
혹은 관심 있는 분야가 무엇인지 아는 것이 중요합니다.
자기 진단 설문지를 통해 이를 확인해봅시다.

1. 선생님이 좋아하는 일은 무엇인가요?

- 내가 시간을 할애해서 할 만큼 좋아하는 일, 했을 때 기분 좋은 일을 적어봅시다.
- 유튜브, 팟캐스트에서 즐겨 찾는 채널, 주제를 적어도 좋습니다. 내가 시간을 많이 할애할수록 그만큼 좋아할 확률이 높습니다.
- 쓴 내용들 중 수업에 적용할 수 있는 것들에 **색깔있는 펜으로** ○ **표시**를 해봅시다.

예시① 나는 박물관, 미술관에 가는 것을 좋아한다.
예시② 유튜브-슈카월드(주식, 경제, 역사 등) / 듣똑라(듣다보면 똑똑해지는 라디오)(시사)

① _____

② _____

③ _____

2. 선생님이 지금까지 전문적으로 해온 일은 무엇이 있나요?

- 선생님이 어릴 적부터 지금까지 경험했거나 전문적으로 하고 있는 일은 무엇인지 생각해보세요. 교직 생활을 통해 배우게 된 것들을 먼저 적어보세요. 그리고 그 배움과 경험의 과정을 생각해보고 결과를 적어보셔도 됩니다.
- 쓴 내용들 중 **수업에 적용할 수 있는 것들**에 **색깔있는 펜으로** ○ **표시**를 해봅시다.

**1) 지금 내가 하고 있는 업무(혹은 여태까지 했던 업무들)는 뭐가 있을까?**

예시 기초학력업무, 놀이통합교육, 문화예술교육 등

_____

_____

_____

_____

**2) 동료 교원들이 내게 질문하는 것, 칭찬하는 것들은 무엇일까?**

질문하는 것 예시 독서 동아리 운영, 기초 한글 지도, 다문화교육 등

칭찬하는 것 예시 글쓰기, 체계적인 일처리, 정확한 발음, 목소리

① _____

② _____

③ _____


**3) 내가 적어도 30분 이상 말할 수 있는 주제가 뭐가 있지?**

예시 책읽기, 하브루타, 찬찬한글, 난독증, 기초학력, 역사, 비고츠키, 융합교육 등

① _____

② _____

③ _____


**4) 내가 돈, 시간을 투자해서 배운 것들은 뭐가 있을까?**

예시 기초학력의 첫걸음, 한글교육(아이스크림교육연수원)

달리쌤의 달콤한 프로젝트 수업(박재찬, 테크빌교육)

관계의 교육학, 비고츠키(진보교육연구소 비고츠키교육학실천연구모임)

한국교원대학교 교육대학원 융합교육전공(석사 과정)

페이퍼 플라워 만들기(아이디어스 온라인 수업) 등

① _____

② _____

③ _____


## 3. 선생님이 지금까지 해왔던 성과는 무엇이 있나요?

• 남들에게 인정 받은 성과(적어도 상위 20%안에 들 수 있는)가 있다면 적어봅시다.

• 쓴 내용들 중 **수업에 적용할 수 있는 것들에 색깔있는 펜으로 ○ 표시**를 해봅시다.

예시 진로교육 프로그램 및 진로교육 지도 자료 개발

3D펜 동아리 운영(지역 구청 연계)

학생 독후감 쓰기 대회 지도교사상 수상

① _____

② _____

③ _____

4. 내가 최근 3년 동안 들었던 연수 목록을 정리하고 키워드를 뽑아봅시다.

| 순 | 연수명 | 키워드 |
|---|---|---|
| 예시 1 | 프로젝트수업으로 시작하는 교실 속 디자인씽킹 | #프로젝트수업 #비주얼씽킹 |
| 예시 2 | 읽고 쓰고 만드는 그림책 수업 | #독서교육 #그림책 #북아트 |
| | | |
| | | |
| | | |
| | | |
| | | |
| | | |
| | | |
| | | |
| | | |
| | | |
| | | |
| | | |
| | | |
| | | |
| | | |

- 뽑아낸 키워드 가운데 중복되는 것에 ○표 해봅시다.
- 내가 가장 많이 들은 연수 키워드는 무엇인가요?

  1순위 :

  2순위 :

  3순위 :

5. 표를 통해 나에게 적합한 연구 교과와 분야를 정리해봅시다.

예시

| 내가 좋아하는 것 | ① 박물관/미술관 가기 | ② 글쓰기 | ③ 시사 강의 듣기 |
|---|---|---|---|
| 내가 전문적으로 하는 일 | ① 융합교육 | ② 역사 | ③ 문화예술교육 |
| 내가 지금까지 해온 성과 | ① 3D펜 동아리 운영 | ② 진로교육 프로그램 구안 및 적용 | ③ 융합교육(석사) |
| 가장 자주 들은 연수 키워드 | ① 프로젝트수업 | ② 비주얼씽킹 | ③ 독서교육 |

⬇

| | | | |
|---|---|---|---|
| 나에게 맞는 교과 선택 | ☑ 국어 □ 수학 ☑ 사회 □ 과학 □ 영어 □ 미술<br>□ 음악 ☑ 도덕 □ 실과 □ 체육 □ 통합 | | |
| | ① 사회 | ② 국어 | ③ 도덕 |
| | · 내게 맞는 교과가 많은 사람들이 참여하는 분과인지 고민하기!<br>· 왜 내게 이 교과가 적합한지 생각해보기! | | |
| | 내가 이때까지 했던 일들을 살펴보면 전반적으로 사회 교과와 연결지어 활동을 구성하는 것이 내게 유리하다. 2순위인 국어가 많은 사람들이 참여하는 분과이지만 내가 이때까지 했던 실적들, 그리고 나의 과목 선호도를 고려했을 때 사회 교과가 가장 적합하다. 도덕의 경우 참여 인원도 적고, 내가 어떻게 수업 활동을 구성해야 할지 나의 경험과 관련지어 생각했을 때 아이디어가 떠오르지 않아서 하지 않기로 한다. | | |
| 연결지을 수 있는 교육 트렌드 (2025년 기준) | #에듀테크 #창의·융합교육 #프로젝트학습 #기본소양 | | |
| 나만의 특색 활동 | # 프로젝트학습 #융합교육 #비주얼씽킹 | | |
| | · 교육 트렌드 고려하기!<br>· 나 자신이 잘하는 것, 지금까지의 성과와 연관지어 생각하기! | | |

왼쪽의 예시 를 참고하여 나에게 적합한 연구 교과와 분야를 정리해봅시다.

| 내가 좋아하는 것 | | | |
|---|---|---|---|
| 내가 전문적으로 하는 일 | | | |
| 내가 지금까지 해온 성과 | | | |
| 가장 자주 들은 연수 키워드 | | | |

↓

| | | | | | |
|---|---|---|---|---|---|
| **나에게 맞는 교과 선택** | □ 국어　　□ 수학　　□ 사회　　□ 과학　　□ 영어　　□ 미술<br>□ 음악　　□ 도덕　　□ 실과　　□ 체육　　□ 통합 | | | | |
| | ① | ② | ③ | | |
| | • 내게 맞는 교과가 많은 사람들이 참여하는 분과인지 고민하기!<br>• 왜 내게 이 교과가 적합한지 생각해보기! | | | | |
| | | | | | |
| **연결지을 수 있는 교육 트렌드<br>(2025년 기준)** | | | | | |
| **나만의 특색 활동** | | | | | |
| | • 교육 트렌드 고려하기!<br>• 나 자신이 잘하는 것, 지금까지의 성과와 연관지어 생각하기! | | | | |

# 연구 대회 문서 3대장

 연구대회에 참가하기로 결정했습니다. 그런데 대회 요강을 읽어보니 제출해야 하는 서류가 매우 많더라고요. 연구 계획서도 써야 하고, 연구 보고서도 작성해야 하고. 거기다 연구 보고서에 연구 요약서도 포함하라고 하는데 너무 복잡해요.

 연구 대회 문서 3대장
## 01 계획서, 보고서, 요약서의 관계

연구대회 참가를 주저하는 이유 중 하나는 제출해야 하는 문서가 많기 때문입니다. 연구대회 참가 시 제출해야 하는 문서는 크게 연구 계획서, 연구 보고서, 연구 요약서가 있습니다.

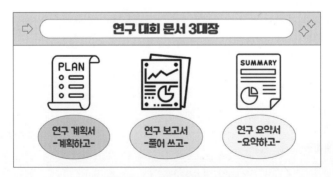

계획서-보고서-요약서의 관계

연구 계획서는 내 연구가 어떻게 진행될 것인지, 연구의 진행 방향을 소개하는 문서입니다. 연구 보고서는 연구 계획서에 따라 연구 결과를 소개하는 문서입니다. 연구 요약서는 연구 보고서의 내용을 간결하게 요약하여 소개하는 문서입니다. 결과적으로 이세 문서는 '내 연구를 소개한다'는 측면에서 본질이 같습니다.

연구 대회 문서 3대장
## 02 계획서, 보고서, 요약서에 들어가야 하는 내용

아래 표는 연구 계획서, 연구 보고서, 연구 요약서에 각각 반드시 들어가야 하는 내용 요소를 정리한 것입니다.

■ 계획서, 보고서, 요약서에 꼭 들어가야 할 내용 요소

| 연구 계획서 | 연구 보고서 | 연구 요약서 |
|---|---|---|
| ① 연구의 필요성<br>② 연구의 목적<br>③ 용어의 정의<br>④ 연구 주제<br>⑤ 연구의 설계<br>⑥ 기대 효과 | ① 표지 & 목차<br>② 요약서<br>③ 연구의 필요성<br>④ 연구 목적 & 용어의 정의<br>⑤ 이론적 배경 & 선행연구 분석<br>⑥ 실태 분석<br>⑦ 연구의 계획<br>⑧ 교육과정 분석 및 세부 활동<br>⑨ 결과 분석<br>⑩ 결론 및 제언<br>⑪ 참고문헌<br>⑫ 부록 | ① 연구의 필요성<br>② 연구의 목적<br>③ 용어의 정의<br>④ 실천과제<br>⑤ 결론 및 제언 |

초보자의 경우 각 문서를 읽을 때 어떤 내용 요소가 있는지, 그리고 내용 요소별로 어떤 내용을 담고 있는지 구분하여 읽는 연습을 하는 것이 좋습니다. 그래야 어떤 문서를 작성하든 짜임새 있게 문서를 작성할 수 있기 때문입니다.

"연구 계획서를 제출하고 나면 무조건 계획서대로 연구를 진행해야 하나요?"

강의를 진행하며 자주 듣는 질문 중 하나입니다. 결론부터 이야기하면 '아니요'입니다. 계획서는 계획서일 뿐 계획서에 적은 내용이라고 해서 연구 보고서에 무조건 포함해야 하는 것은 아닙니다. 사실 연구 보고서를 쓸 때 연구 주제를 제외하고는 싹 다 바꿔써도 상관없습니다. 대신 연구 계획서든, 연구 보고서든, 연구 요약서든 내가 진행하고자 하는 연구의 방향(연구 주제)을 제대로 제시해야 합니다. 또한 실태 분석-검증(연구 프로그램 적용)-결론 부분을 부드럽게 연결해서 써야 합니다.

대부분의 연구 대회는 계획서 작성이 미흡하다고 해서 연구대회에 참가하지 못하는 건 아닙니다. 기본적인 형식만 갖추면 충분히 참가 가능합니다. 계획서 제출에 의의를 둔다는 정도만 생각하시면 쉽습니다. 다만, 교육자료전과 같이 예산을 주는 대회는 계획서가 통과되어야 연구대회에 참가할 수 있습니다.

"연구대회에 나가고는 싶은데 연구 계획서 쓰는 것부터 막막해요.
당장 양식 만드는 것도 어려워요."

처음 연구하는 사람에게는 두세 쪽 분량의 연구 계획서를 쓰는 것도 쉬운 일이 아닙니다. 저 역시 처음 연구대회를 나갈 때 '누가 좀 연구 계획서 대신 써줬으면 좋겠다'라고 생각한 적이 있는걸요. 그래서 제가 자주 활용하는 연구 계획서 양식을 이 책에 수록했습니다. 책을 두세 번 정독한 다음, 제시된 연구 계획서 양식을 활용해 나만의 연구 계획을 세워보세요. 이전보다 훨씬 수월하게 연구 계획을 세울 수 있을 거라 확신합니다.

■ 연구 계획서 양식(예시)

Ⅰ. 연구의 필요성 및 목적

## 1. 연구의 필요성

| 시대적 요구 | |
|---|---|
| | |
| → | |

| 사회적 요구 | |
|---|---|
| | |
| → | |

| 교육수요자의 요구 | |
|---|---|
| | |
| → | |

## 2. 연구의 방향

본 연구는 초등학교 (  )학년 (  )과를 중심으로 (독립변인 :      )을/를 통하여 (종속변인 :      )을/를 기르는 것에 목적이 있다.

| 1 | |
|---|---|
| 2 | |
| 3 | |

## 3. 용어의 정의

가. (용어)

| → 의미 작성하기 |
|---|

나. (용어)

| → 의미 작성하기 |
|---|

# II. 연구의 설계

## 1. 연구 운영 계획

가. 적용 대상 : ○○ 초등학교 ○학년 ○반 ○○명(남 ○○명, 여 ○○명)

나. 기간 및 장소 : 2024. 3. ~ 2025. 2. ○학년 ○반 교실 및 도서관

다. 프로그램 연간 운영 계획

| 단계별 실천 방법 단계 및 내용 | | | 실천 기간 | | | | | | | | | | |
|---|---|---|---|---|---|---|---|---|---|---|---|---|---|
| | | | 3 | 4 | 5 | 6 | 7 | 8 | 9 | 10 | 11 | 12 | 1 |
| 계획 준비 | 운영 계획 수립 | • 문헌연구 및 선행연구 분석 | ● | ● | | | | | | | | | |
| | | • 연구 주제 및 세부 실천계획 수립 | | ● | ● | | | | | | | | |
| 실천 적용 | 실천 과제 1,2,3 | • ( )을 위한 교육환경 조성 | ● | ● | ● | | | | | | | | |
| | | • ( ) 프로그램 구안 및 적용 | | ● | ● | ● | ● | ● | ● | ● | ● | ● | ● |
| | | • ( ) 프로그램의 일반화 | | ● | ● | ● | ● | ● | ● | ● | ● | ● | ● |
| 결과 분석 | 결과 분석 검증 | • 결과 자료 정리 | | | | | ● | ● | | | | | |
| | | • 결과 평가 및 검증 | | | | | | ● | | | | | |
| 보고 단계 | 보고서 작성 | • 보고서 작성 | | | | | | ● | | | | | |

## 2. 연구 실천과제

| 실천과제 1 | ( )을 위한 환경 조성 |
|---|---|
| | • |
| | • |
| | • |
| 실천과제 2 | ( ) 프로그램 구안 및 적용 |
| | • [프로그램 1 이름]<br>- 활동 작성<br>- 활동 작성<br>- 활동 작성<br><br>• [프로그램 2 이름]<br>- 활동 작성<br>- 활동 작성<br>- 활동 작성 |

| 실천과제 2 | ( ) 프로그램 구안 및 적용 |
|---|---|
| | • [프로그램 1 이름] |
| |   - 활동 작성 |
| |   - 활동 작성 |
| |   - 활동 작성 |
| | |
| | • [프로그램 2 이름] |
| |   - 활동 작성 |
| |   - 활동 작성 |
| |   - 활동 작성 |
| | |
| | • [프로그램 3 이름] |
| |   - 활동 작성 |
| |   - 활동 작성 |
| |   - 활동 작성 |
| | |
| | • [프로그램 4 이름] |
| |   - 활동 작성 |
| |   - 활동 작성 |
| |   - 활동 작성 |
| 실천과제 3 | ( )의 일반화 |
| | • |
| | • |
| | • |

## 3. 기대 효과

| 1 | |
|---|---|
| 2 | |
| 3 | |
| 4 | |

# 연구 보고서의 구성

 연구대회에 참가하기 위해서는 먼저 전국 1등급 입상작을 분석하라는 말을 들었어요. 그래서 열심히 입상작을 읽어봤죠. 근데 연구 보고서 분량도 많고, 낯선 용어도 많으니까 머릿속에 남는 게 거의 없어요. 연구 보고서 내용을 한눈에 파악할 방법은 없을까요?

 연구 보고서의 구성
## 01 연구 보고서의 내용 구조

"연구 보고서를 열심히 읽어도 연구 보고서 내용이 머릿속에 제대로 그려지지 않아요."

제가 강의를 들을 때 수강생에게 자주 듣는 말입니다. 초보자로서는 많은 분량과 생소한 용어를 이해하는 것만으로도 벅찹니다. 그런데 거기서 한 단계 더 나아가 연구 보고서 자체의 논리 구조까지 파악해야 하니 보통 힘든 일이 아닙니다. 하지만 연구 보고서는 기본적으로 일정한 패턴이 있습니다. 이 패턴을 제대로 이해하고 나면, 어떤 연구 보고서를 읽더라도 연구 내용을 짜임새 있게 파악할 수 있습니다.

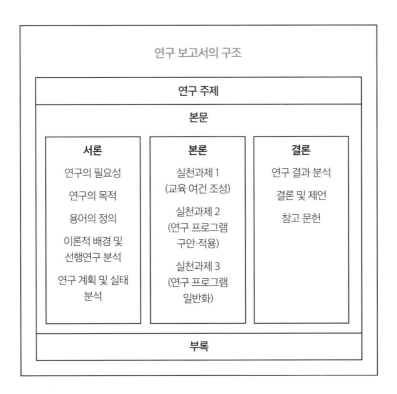

연구 보고서는 크게 세 부분으로 나뉩니다. ① 연구 주제, ② 본문, ③ 부록입니다. 너무 당연한 이야기를 왜 하는지 모르겠다고 하는 선생님도 있으실 겁니다.

하지만 연구 보고서는 정말 이렇게 구성되어 있습니다. 이 세 부분에 이리저리 살을 붙여서 20~30쪽 분량의 연구 보고서 한 편이 완성됩니다. 자신이 연구대회 초보자라면 이 구조부터 먼저 외우고 전국 1등급 입상작을 분석하는 것을 추천합니다. 이 구조를 잘 파악하고 있으면 어떤 연구 보고서를 읽더라도 연구 보고서 내용을 체계적으로 정리할 수 있기 때문입니다. 이는 연구자가 연구 보고서를 작성할 때도 동일합니다.

한 가지 질문을 해보겠습니다. 연구 주제, 본문, 부록 중 가장 중요한 부분은 어디일까요? 바로 '연구 주제'입니다. 연구 주제는 연구의 방향을 결정하는 나침반 역할을 합니다. 머나먼 바다를 항해할 때 나침반이 고장 나면 목적지에 도착하기 어렵지요. 연구 주제 역시 같은 역할을 합니다. 연구 주제가 제대로 설정되지 않으면 연구가 산으로 갑니다. 그래서 연구대회 베테랑들은 연구 주제를 설정하는 데 많은 시간을 할애합니다(저도 연구 주제 설정은 언제나 어렵습니다). 그래서 연구 주제 만드는 방법은 뒷부분에서 자세히 설명하도록 하겠습니다.

연구 보고서의 구성
## 02 연구 보고서 내용 구조 : 본문

연구 보고서에서 연구 주제 다음으로 중요한 본문의 구조를 조금 더 자세히 살펴볼까요? 연구 보고서의 본문은 크게 서론, 본론, 결론으로 나뉩니다.

■ **연구 보고서 본문(서론, 본론, 결론) 구성**

| 서론 | 본론 | 결론 |
|---|---|---|
| ① 연구의 필요성<br>② 연구의 목적<br>③ 용어의 정의<br>④ 이론적 배경 및 선행연구 분석<br>⑤ 연구 계획 및 실태 분석 | ① 실천과제1<br>(교육 여건 분석)<br>② 실천과제2<br>(연구 프로그램 구안, 적용)<br>③ 실천과제3<br>(연구 프로그램 일반화) | ① 연구 결과 분석<br>② 결론 및 제언<br>③ 참고문헌(결론 및 제언에 공간이 있을 경우, 공간 없으면 부록에서 제시) |

먼저, 서론은 연구 보고서의 처음 부분입니다. 서론에서는 연구 필요성(연구자가 왜 이 연구 주제를 선정하였는가?)과 앞으로 연구가 어떤 방향으로 전개될 것인지를 자세히 설명하는 부분입니다. 서론은 독자에게 '연구의 첫인상'을 심어주는 역할을 합니다. 그러므로 연구자가 연구 보고서를 작성할 때 '서론' 작성에 특히 힘을 줘야 합니다. 독자 입장에서 연구를 해야 하는 이유가 이해되지 않으면 그 뒤 내용을 굳이 집중해서 읽을 필요가 없으니까요. 대체로 서론에는 연구의 필요성, 연구 목적, 용어의 정의 이론적 배경 및 선행연구 분석, 연구 계획 및 실태 분석이 포함됩니다.

본론은 '실질적인 연구 프로그램 운영 내용'을 자세하게 설명합니다. 본론에서는 '실천과제'라는 명칭을 사용하여 연구자가 어떻게 교육 여건을 조성했는지, 연구 프로그램을 어떻게 구안·적용했는지, 연구 프로그램 일반화를 위해 어떤 노력을 했는지 표현합니다. 대체로 본론의 형식은 크게 두 가지로 나눠서 살펴볼 수 있습니다. 첫째, 전통적인 논문 형식입니다. 전통적인 논문 형식에서 본론은 실천과제 1(교육 여건 조성), 실천과제 2(연구 프로그램 구안·적용), 실천과제 3(연구 프로그램 일반화)로 구성됩니다. 이 경우는 교육 여건 조성과 일반화 부분을 강조하고 싶을 때 주로 사용하는 형식입니다. 그래서 이 형식은 연구의 일반화를 많이 강조하고, 에듀테크를 활용한 수업이 대세인 수업혁신사례 연구대회에서 많이 사용됩니다.

둘째는 실천과제를 강조하는 형식입니다. 학생들과 함께하는 활동 프로그램을 강조하는 형식이라고 생각하면 이해하기 쉽습니다. 교육 여건 조성과 일반화 방안을 차별화하기에 어렵고, 학생과 함께 하는 활동에 방점을 두고 싶을 경우 이 형식을 많이 사용합니다. 인성교육 실천사례 연구발표대회가 거의 이 형식을 사용합니다. 물론 이 구분은 절대적인 것이 아닙니다. 본론의 구조에 대한 이해를 돕기 위해 제가 임의로 구분한 것이니 참고하시길 바랍니다.

■ 연구 보고서 본론 유형 구분

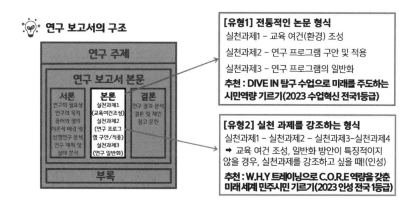

마지막으로 결론은 연구를 마무리하는 부분입니다. 연구 결과를 정성적, 정량적으로 분석하고 이에 따라 어떤 연구 결과를 얻었는지 서론의 연구 목적과 연결 지어 연구 결론을 제시해야 합니다. 결론에는 연구 결과 분석, 결론 및 제언, 참고문헌이 포함됩니다.

다만 참고문헌의 경우 원칙적으로는 연구 보고서 본문에 적는 것이 맞습니다. 만약 결론에 참고문헌을 작성할 공간이 부족하다면 부록에 참고문헌을 제시하는 것 또한 가능합니다. 논문에 비해 연구 보고서의 형식이 비교적 자유롭기에 가능한 방법입니다.

물론 이 구분 기준은 절대적인 것이 아닙니다. 연구자의 연구 보고서 작성 방법에 따라, 연구 프로그램 운영 방법에 따라 차이가 있을 수 있습니다. 본문을 작성할 때는 자신의 연구 내용을 가장 잘 드러낼 수 있는 방향으로 연구 보고서의 구조를 조직하는 것이 좋습니다.

## 03 연구 보고서의 구성
### 연구 보고서 내용 구조 : 부록

부록의 사전적 의미는 '본문 끝에 덧붙이는 기록', '참고자료로 덧붙이는 기록'입니다. 꽃다발에 비유하면 '안개꽃' 같은 느낌이랄까요. 부록의 사전적 의미를 생각해보면 부록은 말 그대로 '참고자료'일 뿐입니다. 과거 연구 보고서 분량이 60~100쪽이 되던 때는 부록 역시 중요한 평가 요소였습니다.

하지만 요즘 연구 보고서 분량은 20~30쪽 분량으로 과거에 비해 많이 축소됐습니다. 연구대회에 한 번이라도 참가해 본 선생님들은 공감하실 겁니다. 연구 보고서에서 20~30쪽 분량은 본문의 내용을 충실하게 담기에도 부족한 분량입니다. 그 덕에 대회 참가자로서는 참 감사하게도(?) 예전에 비해 부록의 중요성이 크게 줄어들었습니다(연구 보고서 작성 부담도 크게 줄었지요).

"있으면 좋고, 없어도 크게 문제없다."

제 개인적인 의견으로 부록의 존재는 사실상 '유명무실'해졌다고도 생각합니다. 그러나 여전히 부록에 중요 평가 요소를 포함하는 대회들이 남아 있기 때문에 부록에 어떤 요소들이 들어가는지, 어떤 방식으로 작성해야 하는지는 알고 있는 것이 좋습니다.

■ 부록의 종류

교수·학습과정안, 수업일지, 교육과정 분석 및 재구성 목록, 수업 활동 결과물,

수업 자료 및 활동사진, 사전/사후 설문지, 참고문헌

\* 교육과정 분석 및 재구성 목록은 연구 보고서 작성 방식에 따라 본문에 들어가기도 합니다.

\* 참고문헌은 원칙적으로 본문에 적는 것이 맞으나 연구 보고서가 논문에 비해 작성 양식이 자유로워 부록에 포함되기도 합니다.

## ① 교수·학습과정안

교수·학습과정안은 '수업'이 중요한 연구대회에서 특히 강조됩니다. 수업혁신사례 연구대회가 대표적인 사례입니다. 수업혁신사례 연구대회에서는 교수·학습과정안이 대회 규정에 직접적으로 작성 방법을 안내할 만큼, 사실상 본문과 비슷한 수준으로 중요한 내용 요소입니다.

■ 2024년 수업혁신사례 연구대회 규정

| 구분 | 작성 및 제출 방법 | 비고 |
|---|---|---|
| 교수·학습<br>과정안 | • 연구 주제와 관련하여 자유롭게 작성하되 2회분 수록<br>• 1회는 1차시 기준이나, 융합형 교육 프로젝트형 수업 등 필요 시 복수 차시도 가능 | ※ 교사 및 학생 활동에 대해 상세하게 제시<br>※ 블록 타임 수업으로 진행하여 동영상 제출한 경우, 전 차시 교수·학습과정안 수록 |

출처 : 「2024 수업혁신사례 연구대회 운영 계획」 서울특별시교육청 교육연구정보원, 2024.

수업혁신사례 연구대회에서는 다른 연구대회와 달리 수업 동영상 심사도 실시합니다. 이때 수업은 연구 보고서에 수록되어 있는 교수·학습과정안을 바탕으로 진행합니다. 만약 수업혁신사례 연구대회에 참가하기로 결정했다면 대회의 심사 기준에 가장 부합하는 수업 차시를 선택해야 합니다. 그리고 내 연구의 특색이 잘 드러나도록 교수·학습과정안을 작성하고, 수업 동영상을 촬영해야겠지요.

그렇다면 다른 연구대회는 어떨까요? 인성교육 실천사례 연구발표대회의 경우 연구 보고서 분량이 20쪽이라 본문을 작성하기에도 벅찹니다. 그래서 대회 규정에서도 부록 작성에 대한 언급은 딱 한 줄로 끝납니다.

"부록(최대 5쪽) : 분량에 포함."

실제로 전국 1등급 입상작들을 살펴보면 대부분 부록을 작성하기 위해 별도의 분량을 할당하지 않았습니다. 굳이 찾자면, 참고문헌과 연구에 활용된 교육부 개발·인증 프로그램을 언급한 정도입니다. 2024년 대회를 기준으로 했을 때 인성교육 실천사례 연구발표대회에서 교수·학습과정안 작성에 목을 맬 필요는 없다고 생각합니다(물론 대회 규정의 변화에 따라 상황은 달라질 수 있습니다. 그래서 언제나 내가 참가하는 해의 대회 규정을 꼭 확인해야 합니다).

교육자료전의 경우는 어떨까요? 교육자료전의 목적에 대해 다시 생각해봅시다. 교육자료전의 목적은 아래와 같습니다.

"우수한 교육자료를 교육현장에 소개하고, 교육자료 제작에 대한
교사들의 관심을 유발하며, 교육방법 개선과 교육자료 개발을 촉진하는 것"

교육자료가 교육현장에서 어떻게 쓰이는지를 설명하는 차원이라면 교수·학습과정안이 유의미합니다. 게다가 교육자료전 역시 연구 보고서 작성 분량이 30쪽으로 축소되었습니다. 2024년 대회 규정을 고려했을 때, 옵션에 해당하는 교수·학습과정안을 작성하는 것보다는 연구·개발한 교육자료의 사용 방법과 효과를 설명하는 것에 시간을 더 많이 할애하는 것이 현명하다고 생각합니다(물론, 이는 대회 규정이 변동되면 언제든 바뀔 수 있습니다).

## ② 수업일지

수업일지도 교수·학습과정안과 크게 다르지 않습니다. 다만, 중요도를 비교한다면 교수·학습과정안이 훨씬 중요합니다. 수업일지 역시 수업혁신사례 연구대회 규정에서 작성할 것을 언급하고 있습니다.

■ 2024년 수업혁신사례 연구대회 규정

| 수업 일지 | • 서식 자유<br>• 수업 개선을 실천한 진지한 성찰, 노력 등이 드러나도록 작성 |
|---|---|

출처 : 『2024 수업혁신사례 연구대회 운영 계획』 서울특별시교육청 교육연구정보원, 2024.

하지만 수업혁신사례 연구대회 연구 보고서 분량은 25쪽입니다. 방대한 분량의 수업일지를 모두 담아내는 것에는 한계가 있습니다. 만약 수업일지를 작성할 분량 확보가 정말 어렵다면 아래의 방법을 활용해보세요.

■ 수업 일지 작성 TIP

**방법 ❶**

① 활동 프로그램 개수만큼 수업 일지 자세하게 작성하기

② 수업 일지를 이미지 파일로 만들기(화면 캡처 또는 이미지 저장 활용)

③ 수업 일지 이미지를 4쪽 모아찍기로 정리하기(한쪽에 4개의 수업 일지 이미지 넣기)

④ 출력 후 글씨가 잘 보이는지 확인하기

**방법 ❷**

– 활동 프로그램 개수만큼 수업 일지 간략하게 작성하기

– 들어가면 좋을 내용 요소

① 학습 주제 ② 성취 기준 ③ 학습 목표

④ 수업 전략 ⑤ 수업 단계별 교수·학습 활동

⑥ 활동 사진 및 산출물 ⑦ 과정중심 평가방법

⑧ 수업 피드백(좋았던 점, 아쉬운 점, 더 해보고 싶은 점)

"도비쌤! 교수·학습과정안과 수업일지는
수업혁신사례 연구대회 말고는 별 쓸모가 없나요?"

그건 아닙니다. 당연히 다른 연구대회 규정을 확인하셔야 합니다. 교수·학습과정안
과 수업일지가 중요한 연구대회도 존재할 수 있습니다. 저의 경우 현장 심사(면접) 때
교수·학습과정안과 수업일지를 포트폴리오 제작에 활용합니다. 이 경우 교수·학습과
정안과 수업일지는 내 연구가 실제적으로 이루어졌다는 증거가 될 수 있습니다. 이러니
저러니 해도 연구 결과물은 '다다익선多多益善'입니다.

### ③ 기타 자료

교수·학습과정안, 수업일지 외에도 부록에 넣을 수 있는 자료는 다양합니다. 연구
전후에 학생들의 실태를 확인하기 위해 활용한 설문지, 수업 과정에서 활용한 학습지
및 활동 결과물, 본문에 넣지 못한 다양한 활동사진들 모두 부록에 넣을 수 있는 자료
들입니다.

다만, 모든 자료를 연구 보고서에 넣을 수는 없습니다. 연구 보고서 분량이 정해져 있
기 때문입니다. 금쪽같은 시간과 노력을 기울여 만든 연구 결과물이지만 연구 결과를
잘 보여줄 수 있는 자료는 본문에, 본문의 내용을 뒷받침해 줄 수 있는 자료는 부록에 넣
어야 합니다. 내 눈에는 연구 결과물이 다 소중하고 중요해 보여도, 심사위원의 눈에는
그렇지 않을 수 있습니다. 그러니 연구 결과물 내에서도 옥석을 가릴 수 있어야 합니다.
만약 이것이 어렵다면 주변 사람들 두세 명에게 '어떤 연구 결과물이 연구 결과를 더 효
과적으로 입증할 수 있을 것 같으냐?'고 물어보는 것도 방법입니다.

## 04 연구 보고서의 구성
### 연구 보고서의 영역별 쪽수 배정

연구 보고서 작성 분량은 대회 규정에 따라 변화무쌍합니다. 대회 규정에서 서론, 본론, 결론 쪽수 배정을 딱 해주면 좋겠지만, 대회 규정에는 관련 사항이 없는 경우가 대부분입니다. 내용의 중요도에 따라 연구 보고서 작성 분량을 배분하라고 하는데 연구 보고서에 대한 감이 없는 초보자에게 연구 보고서(본문) 영역별 쪽수 배정은 항상 어렵습니다. 여기에 대한 기준이 있으면 참 좋겠지요?

저는 별도의 대회 규정이 없다면, 어떤 연구 보고서(본문)를 작성하든 '20-70-10 법칙'을 준수합니다. '20-70-10 법칙'은 서론 20%, 본론 70%, 결론 10%의 비중을 두는 것입니다. 예를 들어볼까요? 20-70-10 법칙을 활용하여 20쪽 분량의 연구 보고서 본문을 작성한다면, 서론 4쪽, 본론 14쪽, 결론 2쪽을 작성하게 됩니다. 물론, 연구 내용에 따라 ±5% 정도 조절합니다. 만약 연구 내용을 강조하는 데 본론을 더 작성하는 것이 유리하다면, 서론이나 결론의 분량을 줄여 작성할 수도 있는 거죠.

초보자는 아직 이러한 영역별 쪽수 배정이 난해할 수 있습니다. 20-70-10 법칙의 이해를 돕기 위해서 수업혁신사례 연구대회와 인성교육 실천사례 연구발표대회 규정을 통해 연구 보고서(본문) 영역별 쪽수 배정 사례를 조금 더 살펴보겠습니다 [QR].

### ① 수업혁신사례 연구대회
■ 2024년 수업혁신사례연구대회 규정

- 총 25쪽 이내(표지, 목차 분량 제외)
- 요약서 : 1쪽 이내
- 본문 및 부록(교수 · 학습과정안, 수업 일지 등) : 24쪽 이내
- 공동 연구의 경우 보고서에 '공동 연구의 필요성 및 목적'이 반드시 포함되도록 작성(미포함 시 2점 감점 처리)
- 부록 미제출자는 전국 대회 추천 대상에서 제외
- 교수 · 학습과정안 : 연구 주제와 관련하여 자유롭게 작성하되 2회분 수록

출처 : 「2024 수업혁신사례 연구대회 운영 계획」 서울특별시교육청 교육연구정보원, 2024.

1인 연구를 기준으로 수업혁신사례 연구대회 연구 보고서 영역별 쪽수 배정을 살펴보겠습니다. 대회 규정에 따르면, 수업혁신사례 연구대회 연구 보고서 분량은 25쪽입니다. 여기서 요약서 1쪽을 제외하면, 실질적으로 본문과 부록에 할애할 수 있는 분량은 24쪽입니다.

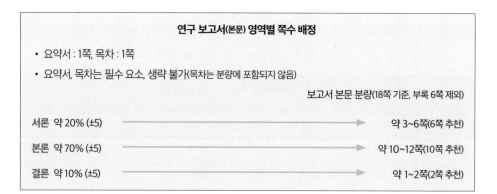

**연구 보고서(본문) 영역별 쪽수 배정**

- 요약서 : 1쪽, 목차 : 1쪽
- 요약서, 목차는 필수 요소, 생략 불가(목차는 분량에 포함되지 않음)

보고서 본문 분량(18쪽 기준, 부록 6쪽 제외)

| | |
|---|---|
| 서론 약 20% (±5) | 약 3~6쪽(6쪽 추천) |
| 본론 약 70% (±5) | 약 10~12쪽(10쪽 추천) |
| 결론 약 10% (±5) | 약 1~2쪽(2쪽 추천) |

부록을 작성하지 않으면 전국대회에 참가하지 못하니 1, 2학기 교수·학습과정안과 수업일지를 분량에 포함해야 합니다. 1, 2학기 교수·학습과정안 작성에 4쪽, 수업일지 작성에 2쪽을 할애한다고 가정해볼까요? 이 경우 본문의 분량은 18쪽이 됩니다. 20-70-10 법칙에 따라 서론, 본론, 결론 쪽수 계산을 해보면 서론 약 3~6쪽, 본론 약 10~12쪽, 결론 약 1~2쪽으로 쪽수 배정이 가능합니다. 물론 연구 내용에 따라 영역별 분량 조정은 얼마든지 가능합니다.

### ② 인성교육 실천사례 연구발표대회

■ 2024년 인성교육실천사례연구발표대회 대회 규정

- 보고서 분량 : 20쪽 이내
- 부록(최대 5쪽) : 분량에 포함
- 표지, 연구 요약서(1~2쪽), 목차 : 분량에 미포함

출처 : 「2024 인성교육 실천사례 연구발표대회 운영 계획」 서울특별시교육청 교육연구정보원, 2024.

2024년 기준, 인성교육 실천사례 연구발표대회 연구 보고서 분량 규정은 수업혁신사

례 연구대회보다 간단합니다. 이 기준에 따르면 보고서 작성 분량은 총 20쪽입니다.

---

**연구 보고서 구성 순서**

| | | |
|---|---|---|
| 1. 표지 | ➞ | 1쪽 |
| 2. 요약서 | ➞ | 2쪽 |
| 3. 목차 | ➞ | 1쪽 |
| 4. 본문(서론, 본론, 결론) | ➞ | 15~20쪽 |
| 5. 부록 | ➞ | 최대 5쪽(거의 안 씀.) |

인성 대회는 보고서 분량 규정에 요약서, 목차가 포함되지 않습니다. 부록은 최대 5쪽까지 가능하나 분량이 너무 적어 본문을 20쪽으로 거의 씁니다.

---

인성교육 실천사례 연구발표대회는 수업혁신사례 연구대회와 달리 요약서가 분량에 포함되지 않고, 부록의 분량을 5쪽으로 제한합니다. 부록 분량을 5쪽으로 제한하더라도 20쪽 분량은 연구 내용을 담기에도 빠듯한 분량이라 부록을 거의 작성하지 않습니다. 부록을 작성하지 않는다는 전제하에 20-70-10 법칙을 적용하면 서론 4쪽, 본론 14쪽, 결론 2쪽으로 영역별 쪽수 배정이 가능합니다.

저의 주관적인 견해이지만 인성교육 실천사례 연구발표대회는 연구 보고서 영역별 쪽수 배정 방식이 암묵적으로 정해져 있다고 생각합니다. 전국 1등급 입상작을 분석해 보면 대체로 서론 6쪽, 본론 12쪽(연구 활동 프로그램당 1쪽씩, 총 12쪽 작성), 결론 2쪽으로 배정된 것을 확인할 수 있기 때문입니다(전국 1등급 입상작을 직접 분석하며 확인하는 것을 추천합니다). 물론, 이것을 일반화할 수는 없습니다. 연구 내용에 따라 분량 배정은 언제든 조절할 수 있으니까요. '이러한 경향이 있다' 정도만 참고하시길 바랍니다.

# 연구 보고서 작성의 기초

연구대회에서 연구 주제가 가장 중요하다고 들었어요. 그래서 연구 주제를 정하려는데 막상 하려니 어떻게 정해야 하는지 갈피를 못 잡겠어요. 전국 1등급 입상작을 분석하면 연구 주제를 쉽게 설정할 수 있다는데 저는 어렵네요. 연구 주제를 정하는 특별한 방법이 있을까요?

연구 보고서 작성의 기초
## 01 연구 주제의 의미

많은 선생님이 연구대회를 포기하게 만드는, 연구대회의 관문! 연구 주제란 무엇일까요? 연구 주제는 어떤 문제나 궁금증에 대해서 체계적으로 탐구하고 해결 방안을 모색하기 위해 설정하는 '연구의 중심 질문'입니다. 현장에서 암암리에 연구 주제를 연구 제목, 연구대회 네이밍naming 등으로 다양하게 표현합니다만, 연구 보고서가 논문에서 비롯된 만큼 정식 명칭인 '연구 주제'라고 표현하는 것이 적절합니다.

"연구 주제만 잘 정해도 연구대회의 반은 성공한 것이다."

이 말은 연구대회에 잔뼈가 굵은 선생님들 사이에서 꽤 유명합니다. 연구 주제는 연구 방향을 결정하고, 연구 과정 전반에 걸쳐 명확한 목적을 제공합니다. 더불어 연구 결과를 통해 답하고자 하는 '핵심 문제'를 포함합니다.

그렇다면 교사인 우리가 연구 보고서를 통해 밝혀야 할 핵심 문제가 무엇일까요? 바로 '개선되어야 할 교육 문제'입니다. 연구자가 교육현장에서 느꼈던 문제점을 구체적인 질문으로 표현한 것이 바로 연구 주제입니다. 교실에서 학생들이 자주 다투는 문제가 발생하는 상황을 예로 들어볼까요? 교실에서 학생들이 자주 다투면 학습 분위기도 나빠지고, 학생들의 정서 발달에도 부정적인 영향을 줄 수 있습니다. 여기서 교사가 해결해야 할 핵심 문제는 무엇일까요? '학생들의 의사소통 방법 개선'입니다. 이러한 문제를 해결하기 위해 교사는 '교실 내 긍정적 상호작용을 증진하는 프로그램 개발'이라는 연구 주제를 설정할 수 있습니다. 그리고 연구 주제에 맞춰 학생들이 서로 존중하고 긍정적으로 소통할 수 있도록 돕는 구체적인 방안을 탐구하게 됩니다. 즉, 연구 주제는 교사가 현장에서 느끼는 문제를 구체화하여, 교육적 개선을 위해 나아갈 방향을 제시하는 핵심 질문입니다.

정리하자면 연구 주제는 연구자가 1년 동안 진행할 연구 프로그램의 방향을 결정하고, 연구 결과를 평가하는 기준입니다. 나무에 비유하면 뿌리에 해당한다고 할 수 있습니다. 뿌리에서부터 각종 줄기가 뻗어나가듯, 연구 주제를 중심으로 연구 프로그램이 운영됩니다. 그만큼 연구 주제는 연구 활동에서 가장 중요한 요소입니다.

"도비쌤! 연구 주제는 한 번 정하면 바꿀 수 없나요?"

제가 강의에서 자주 듣는 질문 중 하나입니다. 결론을 말하자면 '그럴 수도 있고, 그렇지 않을 수도 있다'입니다. 이는 시도 교육청별, 대회별 정책이 다르기 때문입니다. 연구 보고서 제출일 전까지 연구 주제 변경이 가능한 지역도 있지만 이를 허용하지 않는 지역도 있습니다. 그러므로 반드시 공문을 통해 소속 교육청의 대회 운영 방침을 확인해야 합니다. 연구 주제는 연구 활동의 핵심인 만큼 애초에 바꿀 일이 없도록 잘 정하는 것이 좋겠지요? 연구대회에 참가하기로 결정했다면 가급적 1월부터 연구 주제에 대해 깊이 고민해보는 것을 추천합니다. 좋은 연구 주제는 하루이틀 고민했다고 해서 나올 수 없기 때문입니다. 깊이 숙고한 만큼 좋은 연구 주제가 나온다는 점, 잊지 마세요.

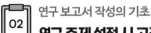

## 02 연구 주제 설정 시 고려할 점

### ① 교육 트렌드

- 이 연구 프로그램이 현재 추진 중인 교육 정책과 관련성이 있을까?
- 최근 교육계에서 주목하고 있는 이슈가 반영되어 있을까?

  연구 주제를 설정할 때는 반드시 최신 교육 정책이나 교육계가 주목하고 있는 이슈를 고려해야 합니다. 그 이유는 연구가 교육현장의 실질적인 요구와 맞닿아 있어야 하기 때문입니다. 최신 교육 정책이나 교육계의 이슈를 반영하면, 연구가 현재의 교육 흐름에 부합하여 교육현장에서 바로 활용될 수 있는 실질적인 해결 방안을 제시할 수 있습니다. 이는 연구대회 운영의 목적에도 부합합니다.

  연구 주제 설정 시 교육 트렌드를 반영할 때는 두 가지 주의점이 있습니다. 첫째, 가급적 언론에 보도될 정도로 크게 이슈화된 소재를 선택하는 것이 좋습니다. 교육계에서 주목하는 이슈라고 해서 연구대회 심사위원들 모두 그 이슈를 아는 것은 아니니까요. 사실, 솔직히 말해서 연초에 '올해 교육 트렌드는 이러이러한 것이다'라고 딱 정리하기는 어려운 감이 있습니다. 그래서 저는 주로 직전 연도의 교육 트렌드를 보고, 다음 해 겹칠 만한 부분을 활용하는 편입니다. 아래의 표는 교육 트렌드를 연도별로 정리한 것이니 참고하시기 바랍니다.

■ **연도별 교육 트렌드 정리**

- 2017 : 지진(안전교육), 온책읽기
- 2018 : 4차 산업혁명, 미래교육
- 2019 : 사회, 정치, 경제
- 2020 : 코로나, 비대면 수업 블렌디드
- 2021 : 비대면 수업, 블렌디드, 메타버스
- 2022 : 생활지도법, 에듀테크
- 2023 : 미래교육, 챗GPT, 교권
- 2024 : 미래역량, 디지털 전환, 사회정서학습

둘째, 예민한 주제는 피하는 것이 좋습니다. 최근 이슈화되는 문제라고 하더라도 논란의 여지가 많거나, 교원의 정치적 중립성을 훼손할 수 있는 소재라면 다루지 않는 것이 낫습니다. 교육 연구는 학생들에게 긍정적인 영향을 주고, 교육현장의 개선에 이바지하는 것이 주된 목적입니다. 그런데 논란이 많거나 정치적 성향을 띠는 주제를 선택할 경우, 연구 결과가 편향되게 해석되거나 오해를 받을 위험이 있습니다. 이러한 주제는 교육 연구의 객관성과 중립성을 저해할 수 있으므로, 신중하게 선택해야 합니다. 예를 들어, 특정 정치적 사안이나 사회적으로 민감한 주제를 다룬다면, 교사로서의 교육적 역할보다는 특정 입장을 대변하는 것으로 비칠 수 있습니다. 연구 주제가 교육적 이슈라 하더라도 논란의 소지가 적고 교육 본연의 목적에 충실한 주제를 선택하는 것이 중요합니다.

"교육 트렌드는 어떻게 확인할 수 있나요?"

제가 쓰는 방법은 크게 세 가지입니다. 첫째, 교육부, 교육청 블로그를 자주 방문하는 것입니다. 교육부, 교육청 블로그는 해당 기관이 어떤 관점에서 정책을 집행하고 있는지 홍보하고, 시민들과 교육 현안에 대해 소통하기 위해 마련한 공간입니다. 그래서 교육부, 교육청 블로그를 살펴보면 현재 교육부, 교육청이 어떤 생각을 갖고 정책을 추진하고 있는지 확인할 수 있습니다.

예를 들어 2024년 교육부 블로그 글을 살펴보면 '맞춤형 학업성취도 자율평가'에 관해 확인할 수 있습니다. 교육부가 시민들과 소통하기 위한 공간에 무의미한 정책 홍보를 하진 않겠죠. 이를 통해 교육부가 기초학력, 개별 학생 맞춤형 교육 등에 많은 관심이 있음을 짐작할 수 있습니다. 또, 맞춤형 학업성취도 자율 평가는 학생의 교과영역별 성취수준 및 특성과 사회·정서적 역량 등에 대한 상세한 결과를 확인할 수 있는 평가 방법입니다. 우리는 연구의 신뢰성을 높이기 위해 이런 평가 방법을 활용해보는 것도 방법이 될 수 있습니다.

둘째, 챗GPT와 같은 인공지능을 활용합니다. 본인이 참고하고자 하는 전국 1등급 연구 보고서 PDF 파일들을 한 파일로 묶고 챗GPT에 아래와 같은 프롬프트를 작성해 보세요. 완벽하게 교육 트렌드를 파악한다고 말할 수는 없지만, 참고 정도는 충분히 가능합니다.

■ **챗GPT 프롬프트 참고 자료**

> ▶ **프롬프트 예시**
> 지금까지 업로드한 파일을 바탕으로 아래의 조건에 맞게 단어를 추출해 줘.
> [조건1] 연구의 필요성에서 추출할 것
> [조건2] 시대적 요구, 사회적 요구, 교육수요자의 요구 측면에서 자주 나오는 단어를 추출할 것
> [조건3] 2024년 외부 데이터를 참고하여 최신 교육 트렌드를 고려하여 추출할 것
> [조건4] 2022 개정 교육과정과 연관성 있는 단어를 추출할 것
> 네 가지 모두 교집합일 필요는 없어. 2025년 수업 연구를 위해 필요한 최신 교육 트렌드 키워드를 30개 추출해 줘.
>
> ▶ **결과값(예시)**
> 미래 역량, 핵심 역량, 융합 교육, 디지털 리터러시, 학생 주도성, AI 활용, 문해력, 창의적 사고, 문제 해결 능력, 협력 학습, 사회정서학습(SEL), 다문화 이해, 학습자 중심, 평등 교육, 비판적 사고, 하이브리드 학습, 스마트 러닝, 감정 조절, 공감 능력, 지속가능발전교육(ESD), 기후 변화 교육, 직업 탐색, 환경교육, 코딩교육, 인터랙티브 콘텐츠, 데이터 활용 역량, 개별화학습, 맞춤형 피드백, 창업 교육, 게임 기반 학습

셋째, 유료 원격연수원 연수 프로그램을 확인합니다. 티처빌원격연수원, 아이스크림원격연수원 등 유료 원격연수원에는 교육계가 필요로 하는 다양한 연수 프로그램이 마련되어 있습니다. 여기서 ① 가장 인기 있는 연수 프로그램 세 가지, ② 가장 많이 개설된 연수 주제 세 가지를 찾습니다. 수요가 없다면 공급은 존재하지 않습니다. 따라서 이러한 연수 프로그램을 확인하면, 현재 교육계에서 교사들이 필요로 하는 역량이나 주목받고 있는 교육 이슈가 무엇인지 쉽게 파악할 수 있습니다. 인기 있는 연수 프로그램이나 많이 개설된 연수 주제는 곧 현장의 필요와 관심을 반영하는 것으로, 연구 주제를 설정할 때 이를 참고하면 더욱 현실적이고 유용한 연구를 진행할 수 있습니다(연구대회에서 유의미한 실적을 거뒀다면, 부수입 창출 차원에서 해당 연구 주제를 활용해 강의를 기획해 볼 수도 있겠지요).

## ② 현장 적합성

- 연구 프로그램이 실제적으로 학생들에게 도움이 될까?
- 연구 프로그램이 연구 대상 학생에게 적합할까?
- 교육계가 당면한 문제를 이 연구 프로그램을 통해 개선할 수 있을까?
- 연구 결과를 어떻게 환류할 수 있을까?

연구에 있어서 '현장 적합성'이란 '연구 프로그램이 실제적으로 학생들 수준에 적합하며, 학생들에게 교육적인 도움을 줄 수 있는가?'를 고민하는 것입니다. 학생들의 수준에 맞지 않는다면, 그저 재미있기만 하다면 유의미한 연구 프로그램이라고 말할 수 없습니다. 애써 만든 연구 프로그램이 사장되는 것은 슬픈 일이잖아요? 내가 만든 연구 프로그램이 학생들에게 도움을 줄 뿐만 아니라 교육계에서 겪는 어려움을 해결하는 데 도움이 된다는 것을 강조하는 것이 중요합니다. 따라서 연구 프로그램을 설계할 때는 학생들의 실제 학습 수준과 필요를 면밀히 고려하고, 교육현장에서 직면하는 문제 해결에 기여할 수 있는 방향으로 개발해야 합니다. 예를 들어, 특정 학년 학생들의 기초학력 향상을 목표로 한 프로그램이라면, 그 학년 수준에 맞는 내용과 접근 방식을 적용하여 학생들이 실제로 성취감을 느낄 수 있도록 해야 합니다.

또한, 연구 결과를 어떻게 환류할지 계획하는 것도 중요합니다. 현장에서 바로 적용할 수 있는 실천 방안이나 프로그램 활용 매뉴얼을 함께 제공하면, 연구의 효과를 더욱 널리 확산시킬 수 있습니다. 이러한 환류 과정을 통해 연구는 단순한 학문적 성과에 그치지 않고, 실질적인 교육 개선에 기여할 수 있으며, 이를 통해 교사와 학생 모두에게 긍정적인 변화를 불러올 수 있습니다. 결국 '현장 적합성'을 고려한 연구는 교육적 의미와 가치를 더하며, 학생들에게 실질적인 도움을 줄 뿐만 아니라 교육계의 당면 과제를 해결하는 데 이바지할 수 있습니다.

### ③ 교사 전문성 반영

• 연구 프로그램에 연구자인 교사의 전문성이 잘 나타나 있는가?

제가 연구대회에 참가하며 오해했던 부분 중 하나는 '연구 보고서를 60쪽 정도 쓰면 당연히 연구 보고서에 내 전문성이 드러날 것이다'입니다. 여기에 관한 제 사례를 하나 공유하겠습니다. 연구대회 및 연구 보고서 작성에 대한 전반을 지도해주신 교감 선생님 께서는 제 연구 보고서를 보며 종종 이런 말씀을 하셨습니다.

> "도비쌤, 이번에 연구 보고서 보기 전에 교육과정 많이 안 읽었죠?
> 다시 꼼꼼하게 읽고 나서 연구 보고서를 써봐요."

> "수업 고민에 시간을 얼마나 할애했죠?
> 아직 여유가 있으니까 좀 더 고민하고 다시 수업 계획을 구성해봐요."

그저 연구 보고서를 읽으셨을 뿐인데도 교감 선생님께서는 귀신같이 제가 연구에 할 애한 시간과 노력을 알아차리시더군요. 연구대회에 참가하는 심사위원들은 오랜 기간 교육현장에서 활동한 베테랑입니다. 우리가 학생들이 쓴 글을 읽고 개별 학생들의 학습 수준을 가늠할 수 있듯, 심사위원들 역시 연구 보고서를 읽어보면 연구자의 수준을 어 느 정도 가늠할 수 있습니다. 그러니 연구 주제를 설정할 때 가능하면 내가 전문성을 갖 고 있거나, 관심 있는 교육 주제를 활용하는 것이 좋습니다. 연구 과정에 나의 지식과 경 험을 충분히 발휘할 수 있을 뿐 아니라 깊이 있는 연구 결과에 이를 가능성이 커집니다.

또한, 연구대회에서 입상하면 부수입 창출의 기회로 이어질 수 있습니다. 연구 주제 에 대해 깊이 있는 연구를 진행하고 좋은 결과를 얻었다면, 이를 바탕으로 교육 관련 강 의나 연수를 진행할 수 있는 기회가 생기기도 합니다(연구대회에 입상하면 암묵적으로 교육청 인력풀에 등록되는 경우가 많습니다. 일단 인력풀에 들어가야 부수입 창출 기회를 얻 을 수 있겠죠?). 아울러 입상한 연구 주제나 결과를 기반으로 책을 출판하는 것도 수익

창출의 또 다른 방법입니다. 연구 과정에서 얻은 통찰과 경험을 다른 교사들과 공유하기 위한 책이나 자료로 출판한다면, 교사로서의 전문성을 널리 알리고 추가적인 부수입을 얻는 기회가 될 수 있습니다. 비단 교육현장에 도움을 줄 뿐만 아니라 교사 개인에게도 추가적인 수익을 제공하는 좋은 방법이 될 수 있습니다.

연구 보고서 작성의 기초
## 03 연구 주제 설정의 기초

### ① 중심 이론, 특색 활동 찾기

제가 처음 전국 1등급 입상작의 연구 주제를 읽었을 때는 '무슨 문장이 이렇게 특이하지?'라고 생각했습니다. 초보자 입장에서 전국 1등급 입상작의 연구 주제를 살펴보면, 멋지고 예쁜 단어를 조합해서 '적당히' 연구 주제를 만든 것처럼 보입니다. 하지만 연구 주제를 설정하는 것에는 일정한 규칙이 있습니다. 이 규칙에 대해 자세히 살펴볼까요?

연구 주제를 정할 때는 크게 두 가지, ① 중심 이론과 ② 특색 활동을 고려해야 합니다. 먼저 중심 이론부터 살펴보겠습니다. 중심 이론은 연구 프로그램을 뒷받침해 줄 수

| 예시 1 | 문제해결 S.T.A.R들의 4通 여행으로 민주시민 역량 기르기<br>① 중심 이론 : 듀이 문제해결학습, 국가 수준 교육과정<br>② 특색 활동 : 창의융합형 프로젝트 학습 |
|---|---|
| 예시 2 | 몰입공동체의 F.O.C.U.S. on(溫) 아들러 프로젝트로 의사소통 역량 기르기<br>① 중심 이론 : 몰입교육<br>② 특색 활동 : 아들러 심리학 기반 프로젝트 학습(블렌디드 러닝 적용) |
| 예시 3 | FARM 프로젝트로 미래 핵심역량을 갖춘 꼬마 농부 작가 되기<br>① 중심 이론 : 2015/2022 개정 교육과정(국어, 도덕, 실과 연계), 듀이 경험학습<br>② 특색 활동 : 체험학습, 융합 교육, 반성적 글쓰기 |
| 예시 4 | 「STEP X SWING 프로젝트」로 수학 교과 역량 신장하기<br>① 중심 이론 : 2015 개정 수학과 교육과정<br>② 특색 활동 : 놀이학습, 과정중심평가, 에듀테크, 융합교육 |

연구대회 입상작별 중심 이론, 특색 활동 분석 예시

있는 학술적, 정책적 근거를 말합니다. 중심 이론을 정하는 까닭은 내 연구의 탄탄한 이론적 근거를 마련하기 위함입니다(저는 이 작업을 '연구의 근본을 만드는 작업'이라고 부릅니다). 중심 이론으로 활용할 수 있는 근거 자료로는 국가 수준 교육과정과 피아제, 브루너와 같은 유명 교육학자의 이론이 있습니다. 예를 들어 2021년 수업혁신사례 연구대회 전국 2등급으로 입상한 '몰입공동체의 F.O.C.U.S. on(溫) 아들러 프로젝트로 의사소통 역량 기르기'의 경우, 심리학자 아들러의 몰입교육 이론을 중심 이론으로 설정했습니다. 만약 중심 이론으로 학자의 이론을 활용하려 한다면 신생 이론보다는 어느 정도 검증된 이론(적어도 교육학 이론서에 수록될 만한 이론)을 활용하는 것을 추천합니다. 유명 학자의 이론은 오랜 시간 동안 다양한 연구와 실천을 통해 검증됐습니다. 그래서 이를 연구의 중심 이론으로 활용하면 일관성과 안정성을 확보할 수 있습니다.

그렇다고 꼭 유명 교육학자의 이론을 중심 이론으로 내세울 필요는 없습니다. 우리나라의 교육은 '국가 수준 교육과정'을 중심으로 이루어지기 때문에 국가 수준 교육과정이 중심 이론으로서 기능할 수 있습니다. 그래서 심사위원들이 전혀 모르는 이론을 중심 이론으로 설정하기보다는 차라리 누구나 다 아는 교육과정을 중심 이론으로 내세우는 것을 추천합니다. 교육과정을 중심 이론으로 내세우면 내 연구가 국가 교육과정에 기반했다는 정도만 간결하게 설명하면 되기 때문입니다. 다른 이론은 몰라도 교육과정은 꼭 중심이론에 포함하시길 바랍니다.

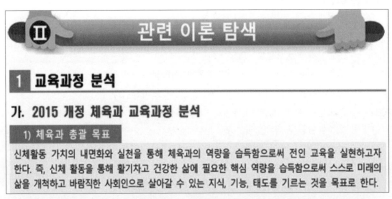

2020년 전국교육자료전(S.S.E.N. 온(溫)라인 체육 프로그램으로 체력 기르기)

특색 활동은 '내가 가장 좋아하고, 잘할 수 있는 활동, 주제'를 의미합니다. 예를 들어 연구자가 독서 교육 활동에 조예가 깊다면 이를 녹여낸 연구 프로그램을 구안·적용할 수 있습니다. 또, 연구자가 AI 교육에 관심이 많다면 AI 교육 활동에 기반을 둔 연구 프로그램을 만들 수도 있습니다. 특색 활동은 한 가지만 정할 필요는 없습니다. 특색 활동끼리 서로 잘 엮어낼 수만 있다면 특색 활동은 여러 개를 선택해도 괜찮습니다. 다만, 앞서 언급했듯 연구 주제를 설정하는 데 있어 '교육 트렌드'는 매우 중요합니다. 내가 정한 특색 활동을 교육 트렌드와 잘 관련지을 수 있는지 고민해보세요. 더불어 특색 활동이 내가 정한 중심 이론을 잘 살릴 수 있는지도 함께 생각해보는 것이 좋습니다. 연구 주제에 교육 트렌드-중심 이론-특색 활동, 이 세 가지가 유기적으로 탄탄하게 연관되어 있음이 표현된다면, 좋은 연구 주제라고 말할 수 있습니다.

> "처음 연구대회에 참가하는 사람이 어떻게 괜찮은 중심 이론,
> 특색 활동을 찾을 수 있죠? 너무 어렵습니다!"

맞습니다. 연구대회 베테랑들에게도 중심 이론과 특색 활동을 정하기는 쉬운 일이 아닙니다. 가장 쉽게 하려면 국가 수준 교육과정을 중심 이론으로 삼고, 본인이 잘하는 분야를 특색 활동으로 정하면 됩니다. 그럼에도 남들과 한 끗 다른 연구 진행을 원한다면 다음과 같은 세 가지 방법이 있습니다.

■ 중심 이론, 특색 활동 찾기가 어려울 때

① 에듀넷-연구-연구대회입상작(연구 보고서) 검색
② RISS에서 관련 논문 검색
③ 서점에서 나의 연구에 적합한 이론서 찾기

연구대회 입상작이나 논문을 찾아보면 연구에 활용할 수 있는 다양한 이론 자료를 확인할 수 있습니다. 연구대회 입상작은 에듀넷에서, 논문은 RISS에서 찾아볼 수 있습니

다. RISS의 경우 유료 결제를 해야 할 때도 있습니다. 서점에서 나의 연구를 뒷받침해줄 수 있는 교육 이론서를 찾아보는 것도 방법입니다.

중심 이론을 바로 정하기 어렵다면 시기를 조금 뒤로 미룰 수도 있습니다. 일단 연구 프로그램을 운영한 뒤에 내 연구 프로그램에 적합한 중심 이론을 찾아보는 겁니다. 실제로 연구대회에 참가하는 많은 선생님이 연구 프로그램을 먼저 운영하면서 연구 프로그램의 이론적 근거를 마련해줄 중심 이론을 찾습니다. 중심 이론은 국가 수준 교육과정에 위배만 되지 않으면 됩니다. 정 찾기 어렵다면 그냥 국가 수준 교육과정을 중심 이론으로 삼아도 됩니다. 다만, 앞서 언급했듯 인성교육 실천사례 연구발표대회의 경우 반드시 제2차인성교육종합계획을 숙독하시고, 이를 연구의 중심 이론으로 설정하셔야 합니다 QR. 우리나라 인성교육은 이 계획을 근간으로 실행되고 있기 때문입니다.

중요한 것은 1년 동안 꾸준히 연구 활동을 진행하고, 그 결과를 연구 보고서로 정리하는 것입니다. 중심 이론을 찾는 데 너무 많은 에너지를 쓰지 마세요. 처음부터 완벽하게 모든 것을 해낼 수는 없는 법이니까요. '도전'에 의의를 두고 연구 활동에 임하셨으면 좋겠습니다.

### ② 연구 주제의 기본 형식 이해하기

앞서 언급했듯 연구 보고서는 논문에서 파생된 양식이므로 연구 주제를 만드는 것에도 기본적인 규칙이 있습니다. 연구 주제의 기본 형식은 '독립변인을 통한 종속변인'입니다.

---

**연구 제목의 기본 형식**

독립변인 을 통한 종속변인

= A 프로그램 을 통한 B 결과

➜ A프로그램을 통해 B라는 결과(효과)를 가져오다

---

독립변인을 통한 종속변인. 말이 너무 어렵습니다. 쉽게 이해할 수 있도록 용어를 바

꿔보겠습니다. 독립변인을 'A 프로그램'으로, 종속변인을 'B 결과'로 바꾸면 독립변인을 통한 종속변인은 'A 프로그램을 통한 B 결과'가 됩니다. 쉽게 말해 'A 프로그램을 통해 B라는 결과(혹은 효과)가 나타났다'는 의미입니다. 연구 주제는 이러한 형식을 띠는 것이 정석입니다. 예를 들어 'S.S.E.N. 온(溫)라인 체육 프로그램으로 체력 기르기'라는 연구 주제에서 연구 프로그램을 의미하는 독립변인은 S.S.E.N. 온(溫)라인 체육 프로그램이 됩니다. 연구 결과(효과)를 나타나는 종속변인은 체력이 되겠지요.

따라서 연구 주제를 설정할 때 독립변인 위치에는 내가 만든 연구 프로그램 이름(수업 모형 단계를 넣기도 합니다)을, 종속변인 위치에는 연구 프로그램 운영에 따른 결과를 나타내는 표현을 넣으면 기본적인 연구 주제 형식을 충족할 수 있습니다.

예시를 통해 개념을 잘 이해했는지 확인해볼까요? 아래의 연구 주제들은 실제 전국 대회 입상작입니다. 연구 주제별로 독립변인과 종속변인을 찾아 표를 완성해봅시다.

| 예시 1 │ 자타공인 성장(G.R.O.W) 프로젝트로 N.I.C.E한 도덕인 기르기 | |
| --- | --- |
| 독립변인 | |
| 종속변인 | |
| 예시 2 │ 비상구 프로젝트로 협력적 의사소통(TALK) 역량 기르기 | |
| 독립변인 | |
| 종속변인 | |
| 예시 3 │ FARM 프로젝트로 미래 핵심역량을 갖춘 꼬마 농부 작가 되기 | |
| 독립변인 | |
| 종속변인 | |

스스로 문제를 해결해봤나요? 결과를 함께 확인하겠습니다.

| 예시 1 │ 자타공인 성장(G.R.O.W) 프로젝트로 N.I.C.E한 도덕인 기르기 | |
|---|---|
| 독립변인 | 자타공인 성장(G.R.O.W) 프로젝트 |
| 종속변인 | N.I.C.E한 도덕인 |
| **예시 2 │ 비상구 프로젝트로 협력적 의사소통(TALK) 역량 기르기** | |
| 독립변인 | 비상구 프로젝트 |
| 종속변인 | 협력적 의사소통(TALK) 역량 |
| **예시 3 │ FARM 프로젝트로 미래 핵심역량을 갖춘 꼬마 농부 작가 되기** | |
| 독립변인 | FARM 프로젝트 |
| 종속변인 | 미래 핵심역량(을 갖춘 꼬마 농부 작가) |

　전국 1등급 입상작의 연구 주제를 분석하라는 뜻은 위와 같이 연구 주제의 구조를 스스로 뜯어보라는 뜻입니다. 'A(프로그램)로 B(효과) 기르기', 'A(프로그램)로 B(효과) 함양하기' 등 약간의 어미는 다를 수 있지만 기본 원리는 동일합니다. 독립변인과 종속변인이 명확하게 잘 드러나되, 나만의 특성이 뚜렷하게 드러나는 연구 주제가 좋은 연구 주제입니다.

　왜 이런 연구 주제의 기본 형식을 지켜야 할까요? 그 이유는 심사위원의 입장에서 연구 보고서를 살펴볼 때 가장 먼저 확인하는 것이 무엇인지를 생각해보면 알 수 있습니다. 심사위원이 연구 보고서를 검토할 때 가장 먼저 확인하는 것이 바로 '연구 주제'입니다. 전국에서 수천 편의 연구 보고서가 심사위원 책상 위에 올라갑니다. 무수한 연구 보고서들 사이에서 심사위원의 시선을 사로잡기 위해서는 연구 주제에서부터 연구의 핵심이 명확하게 파악되어야 합니다. 소개팅에서 얼굴은 예선전이고, 대화와 성격이 본선이라고 하죠. 연구 주제는 소개팅 대상의 얼굴과 같습니다. 소개팅 첫 만남에서 서로에게 매력을 느끼고 호기심을 품게 되어야 두 번째 만남이 이어질 수 있는 것처럼, 연구 주제도 매력과 호기심을 유발시킬 수 있어야 심사위원들을 연구 내용으로 설득할 기회를 가질 수 있습니다.

## ③ 좋은 연구 주제의 특징

좋은 연구 주제는 크게 세 가지 특징이 있습니다. 첫째, 간결함입니다. 연구대회 초보자는 종종 연구 주제를 만들 때 온갖 미사여구를 넣기도 합니다. 전국 1등급 연구 주제를 분석했을 때 '뭔가 멋지고 휘황찬란한 표현을 많이 넣었다'는 인상을 받았기 때문일 것입니다. 하지만 연구 주제를 설정할 때 온갖 미사여구를 넣는 것은 탈락으로 가는 지름길입니다. 여기서 제 흑역사 하나를 공개하겠습니다.

"가치 퐁당! 재능 퐁당! 5색찬란 N.U.R.I 꿈 마법약 레시피"

위 주제는 제가 2017년 진로교육 실천사례 연구발표대회에 처음 나갔을 때 만든 연구 주제입니다. 이 연구 주제를 읽었을 때 어떤 연구인지 이해가 되시나요? 이해가 안되는 것이 정상입니다. 연구대회에 처음 나갔던 저는 저의 연구 주제가 '뭔가 간지가 났으면(멋이 있으면) 좋겠다!'고 생각했습니다. 그 결과가 바로 이 연구 주제입니다. 결과는 어땠을까요? 당연히 '탈락'입니다. 연구 주제의 기본 형식도 지키지 않았는데 어떻게 입상을 하겠습니까?

"도비야, 이 연구 주제는 글렀다. 글렀어!"

연구대회 심사위원 출신인 수석 선생님께서 제 연구 주제를 보고 한숨을 크게 쉬시며 위와 같이 말씀하셨습니다. 그리고 아래와 같이 고쳐주셨습니다.

"N.U.R.I 꿈 마법약으로 진로 탄력성 기르기"

추가 수정이 필요하지만, 처음 연구 주제보다 어떤 연구인지 직관적으로 이해하기 쉽지요? 제 연구 목적인 N.U.R.I 꿈 마법약(A 프로그램)으로 학생들의 진로 탄력성(B 효과)을 기르는 것이 잘 드러난 연구 주제라고 할 수 있습니다. 연구 주제는 심사위원들이 한눈에 연구의 핵심을 파악할 수 있도록 만드는 것이 가장 좋습니다.

둘째, 연구 주제는 참신해야 합니다. 창의적인 연구 용어로 무장한 연구 주제는 심사위원의 시선을 단박에 사로잡는 마력을 가지고 있습니다. 그렇다면 참신한 연구 주제는 어떻게 만들 수 있을까요? 연구대회라는 존재가 탄생한 이래 무수한 연구 보고서들이 출품됐습니다. 그에 따라 웬만큼 좋은 용어들은 이전 선배들이 다 끌어다 쓰셨습니다. 그래서 '참신한 연구 주제'를 만드는 것이 쉽진 않습니다. 하지만 우리에겐 조상님들이 남겨주신 전통적인 교훈이 하나 있습니다.

"온고지신溫故知新 : 옛것을 알고 새것을 익힌다."

전국 1등급 연구 보고서의 연구 주제, 연구 용어를 100% 똑같이 따라 하는 것은 명백한 표절입니다. 전국 1등급 연구 보고서를 있는 그대로 따라 한 연구 보고서는 심사 한 번 받지도 못하고 바로 탈락할 것입니다. 하지만 이전의 좋은 모델을 참고해서 요즘 트렌드를 반영하는 것은 표절이 아닙니다. 오히려 참신한 이미지를 보여줄 수 있습니다. 이를 단 한마디로 정리하면 아래와 같습니다.

"연구 주제는 비유적으로 표현하되, 최신 트렌드 키워드를 활용하라!"

저는 독립변인(A 프로그램)의 경우 교과에 나오는 키워드에 최신 트렌드 키워드를 덧붙여 만드는 편입니다. 예를 들어 연구 분과로 미술과를 선택했다고 가정해볼까요? 연구 프로그램명을 '미술 프로그램'이라고 말하는 것보다 '아티와 함께하는 챗GPT 기반 AI 미술 큐레이팅(제17회 교육정보화 연구대회 전국 1등급)'이라고 하는 것이 훨씬 흥미롭습니다. 큐레이팅이라는 기존 교수·학습 전략에 AI를 연결해 최신 교육 트렌드를 반영했기 때문입니다.

만약 비유적으로 표현하는 것이 어렵다면 선생님들께서 참가하시는 교과에서 키워드를 수집하고, 그 키워드와 교육 외 기타 사회 분야의 최신 트렌드 키워드를 함께 활용해 보시길 권합니다. 여기서 교과 키워드는 교육과정과 교과서에 나오는 키워드를 말합니다. 아래의 예시에 나오는 '큐레이팅', '공동교육과정', '프로젝트'와 같은 키워드가 이

사례에 해당합니다.

■ 교과 키워드, 최신 트렌드 키워드 조합 사례

[예시 1] 아티와 함께하는 챗GPT 기반 AI 미술 큐레이팅
[예시 2] AI 디지털 기반 PIXAR 빛그림 공동교육과정으로 미래 주도 DIRECTOR 역량 기르기
[예시 3] 골목대장 with 글로컬 프로젝트로 A.L.A 웃음 짓기
[예시 4] 뮤직테크를 활용한 SOUND of MU.SI.C 프로젝트로 동서양 선율 넘는 꼬마 작곡가 되기

여기서 한 단계 더 나아가 교육 분야 외의 최신 트렌드를 조금 더 추가해 보는 전략을 취합니다. 이것을 한마디로 요약하면 '어, 교육과 이 키워드가 무슨 관련이 있을까?'로 정리할 수 있습니다. 교육 외의 키워드를 추가해서 심사위원들 머리 속에 물음표를 만들어 낼 수 있으면 성공입니다. 사례를 통해 조금 더 감을 잡아 볼까요?

[예시 2] AI 디지털 기반 PIXAR 빛그림 공동교육과정으로 미래 주도 DIRECTOR 역량 기르기에서 'PIXAR'의 경우 애니메이션 회사 이름입니다. 'PIXAR'라는 단어에 빛그림 공동교육과정이라는 교육과 관련된 단어가 붙으면서 어떤 관련성이 있을지 궁금해집니다. 거기다 감독을 뜻하는 'DIRECTOR 역량'이 애니메이션 회사인 'PIXAR'와 연결되며 자연스럽습니다. [예시 4]의 뮤직테크라는 단어를 들어 본 적이 있나요? 해당 연구에서 뮤직테크는 음악을 뜻하는 'Music'과 에듀테크<sup>Edutech</sup>를 결합한 단어입니다. 뮤직테크를 적용한 'SOUND of MUSIC' 프로젝트를 통해 어떻게 꼬마 작곡가를 길러낼 것인지 몹시 궁금해집니다.

"뭔가 낯설지만, 그래도 알 것 같다. 하지만 교육과 어떤 관련이 있는지 궁금해진다."

연구 주제 설정에서 교과 키워드와 최신 트렌드 키워드 조합 방식은 연구 내용에 대한 궁금증을 유발하는 데 많은 도움이 됩니다. 물론, 처음부터 이런 키워드를 찾는 건 쉬운 일이 아닙니다. 이때 첨단 기술의 힘을 조금 빌려 보는 건 어떨까요? 연구 주제를 설

정할 때 챗GPT의 도움을 받는 것도 하나의 방법입니다. 아래의 예시를 살펴볼까요?

■ 연구주제 설정 참고자료 제작을 위한 챗GPT 프롬프트 및 결과

> **· 참고 프롬프트**
>
> 너는 초등학교 4학년 담임 교사야. 올해 사회 교과를 활용하여 수업혁신사례 연구대회에 참가하려고 해. 연구 주제로 적절한 것을 아래의 형식과 조건에 맞춰 20개 만들어 줘.
>
> **[형식]** 독립변인을 통한 종속변인(=A프로그램을 통한 B결과)
>
> **[조건 1]** 독립변인의 개수는 2~3개 정도로 제한할 것
>
> **[조건 2]** 독립변인 중 하나는 최신 트렌드 용어를 활용하여 만들 것. 최신 트렌드 용어는 2024~2025년을 기준으로 선정할 것.
>
> **[조건 3]** 독립변인 중 하나에는 활동 단계나 활동 전략에 관한 영어 약어를 넣을 것(예 : S.T.E.P)
>
> **[조건 4]** 종속변인은 '시민'이라는 키워드를 포함할 것. 단, 차별화를 위해 최신 교육 트렌드+시민 조합으로 구성할 것
>
> **[조건 5]** 2022 개정 교육과정에서 강조하는 부분을 반영할 것
>
> **[조건 6]** 연구 키워드 : 주도, 탐구, 미래, 시민
>
> **[조건 7]** 개념 기반 탐구 학습과 함께 깊이 있는 학습에 대한 교육적 요구를 반영할 것
>
> **[조건 8]** 에듀테크 요소를 반영할 것
>
> **[참고 자료]** 예 1 : 아티와 함께하는 챗GPT 기반 AI 미술 큐레이팅
>
> 예 2 : AI 디지털 기반 PIXAR 빛그림 공동교육과정으로 미래 주도 DIRECTOR 역량 기르기
>
> 예 3 : 골목대장 with 글로컬 프로젝트로 A.L.A 웃음 짓기
>
> 예 4 : 뮤직테크를 활용한 S OUND of MU·SI·C 프로젝트로 동서양 선율 넘는 꼬마 작곡가 되기
>
> **· 결과**
>
> — XR(확장현실)과 프로젝트 기반 학습으로 미래형 시민 가치 키우기
>
> — 게임 학습과 T.R.E.EThink, Reflect, Engage, Evaluate 전략으로 탐구형 미래 시민 역량 기르기
>
> — 디지털 휴먼과 스토리텔링 기법으로 감성적 공감 시민 역량 기르기
>
> — 디지털 트윈과 STEAM 활동으로 탐구형 지속가능 시민으로 성장하기
>
> — AI 협력 스토리텔링 프로젝트로 공감형 미래 세계 시민 역량 기르기
>
> ※ 해당 프롬프트는 참고자료일 뿐 완전하지 않습니다. 자신이 원하는 결과값을 고려해 작성하세요.

결과를 읽어 보니 챗GPT가 결과물을 생각보다 잘 만들지 않았나요? 물론, 챗GPT

가 만들어 준 결과값을 그대로 쓰면 안 되겠지요. 아무래도 부족한 면이 많으니까요. 챗 GPT 결과값을 그대로 쓰기 보다는 아이디어 생성을 위한 참고 자료 정도로 생각하고 쓰면 좋습니다. 연구 주제 설정에 대한 고민을 하는데 나 혼자 고민하는 것보다 인공지능이라는 유능한 비서를 곁에 두고 함께 고민하는 것이 더 효율적이니까요.

마지막 특징은 명확한 핵심 키워드입니다. 나의 연구를 명확하게 설명할 수 있는 키워드를 3~4개 정도 선정하고, 이를 연구 주제에 반영하는 것입니다. 내 연구에 반영하고 싶은 키워드를 종이에 쭉 적어본 다음, 그중에서 연구 주제 설정에 활용할 키워드를 3~4가지 정도 선정합니다. 그리고 해당 키워드를 왜 선정했는지, 그 까닭을 아래와 같이 간략하게라도 적어봅니다. 이렇게 하면 내가 하고자 하는 연구를 조금 더 명확하게 정리할 수 있다는 장점이 있습니다.

■ 핵심 키워드 작성 예시

- 탐구 : 2022 개정 교육과정에서는 개념 기반 탐구 학습을 통한 '깊이 있는 학습'을 요구함. 이에 연구 주제에 반영하기로 결정함.
- 시민 : '우리 사회는 어떤 시민을 필요로 하는가?'라는 질문이 떠올랐음. 우리 사회를 이끌어 나갈 학생들이 어떤 시민 역량을 갖춰야 하는지 밝히고자 함.
- 미래 : 불확실성이 지배하는 미래 사회에서는 창의적이고 주체적인 문제해결력이 필요함. 연구 주제에 '미래'를 넣어 이 부분을 강조하고자 함.

연구 보고서 작성의 기초
## 04 연구 주제 설정 방법

연구 보고서에서 연구 용어는 평균적으로 두세 가지입니다. 이보다 많은 연구 용어를 쓸 수는 없느냐고요? 실질적으로 어렵습니다. 심사위원 입장에서 지나치게 많은 연구 용어는 연구 보고서 내용 이해에 방해가 되기 때문입니다. 그래서 많은 전국 1등급 입상작은 자신의 연구 용어를 활용해서 연구 주제를 설정합니다. 그래서 저는 보통 독립변인(A 프로그램)에 연구 용어 한두 개, 종속변인(B 효과)에 연구 용어 한 개를 설정합니다.

### ① 독립변인 설정하기

독립변인은 쉽게 말해 연구 프로그램 이름입니다. 독립변인은 크게 세 단계에 걸쳐 만들 수 있습니다. 첫째, 본인이 참가하고자 하는 연구대회의 전국 1등급 연구 주제를 직접 분석해보는 것입니다. 최근 3년간의 기록만 살펴도 충분합니다(그 이상은 연구의 최신성이 부족합니다). 전국 1등급 입상작들은 어떤 독립변인을 설정했는지 확인해보세요. 저는 매년 연구대회 입상 결과가 발표될 때마다 아래와 같이 직접 분석해보는 과정을 거칩니다.

■ 2023 수업혁신사례 연구대회 전국 1등급 연구 주제 분석

| | 수업혁신사례연구대회 | | |
|---|---|---|---|
| 교과 | 제목 | 독립변인 | 종속변인 |
| 과학 | 톡톡POP! 상상력이 터지는 CLASH SCHOOL 프로젝트를 통한 과학 교과 역량 기르기 | CLASH SCHOOL 프로젝트 | 과학 교과 역량 |
| 과학 | 꿀잼!!(HONEY-JAM) 생.동.감. 넘치는 과학탐험기 | 생동감 넘치는 과학탐험기 | 꿀잼!!(HONEY-JAM) |
| 과학 | 누리호 타고 떠나는 상상나래 탐구여행, Fly High ! | 누리호, 상상나래 | Fly High |
| 교과통합 | ECO-ISSUE로 참여하는 융합형 생태시민 되기 | ECO-ISSUE | 융합형 생태시민 |
| 교과통합 | FARM프로젝트로 핵심역량을 갖춘 꼬마 농부 작가 되기 | FARM프로젝트 | 꼬마 농부 작가 |
| 교과통합 | SEED 프로젝트를 통한 생태시민성 싹 틔우기 | SEED 프로젝트 | 생태시민성 |
| 교과통합 | 같이 잇는 창작, FLOW 프로젝트 수업으로 미래 감성 잇기 | FLOW 프로젝트 수업 | 미래 감성 |
| 교과통합 | 다(多)가지 그린(G.R.E.E.N) 넷제로 지구만들기 프로젝트로 환경생태시민성 키우기 | 다(多)가지 그린(G.R.E.E.N) 넷제로 지구만들기 프로젝트 | 환경생태시민성 |
| 교과통합 | 학생주도의 인터러뱅 프로젝트로 사회과 미래역량 기르기 -생.각.의.힘.- | 학생주도의 인터러뱅 프로젝트 | 사회과 미래역량 |
| 국어 | 빛깔 가득 프리즘(P.R.I.S.M) 프로젝트로 다채로운 국어과 역량 채우기 | 빛깔 가득 프리즘(P.R.I.S.M) 프로젝트 | 다채로운 국어과 역량 |
| 국어 | '문해력 잇다(I.T.D.A)' 프로젝트로 알파세대 샛별 창작가의 미래역량 키우기 | '문해력 잇다(I.T.D.A)' 프로젝트 | 알파세대 샛별 창작가의 미래역량 |

이 과정을 통해 연구 주제의 기본적인 패턴을 익힐 수 있습니다. 연구 주제를 분석하다 보면 자주 쓰이는 단어들이 많이 보입니다. 이런 단어들을 활용해도 충분히 좋은 연구 주제를 만들 수 있습니다.

둘째, 내가 연구하고자 하는 교과/분과의 주요 키워드와 최신 교육 트렌드 키워드를 수집하는 것입니다. 직접 교육과정, 교과서, 지도서 등을 활용해서 찾을 수도 있지만 앞서 언급했듯 요즘은 챗GPT 검색을 통해 찾을 수도 있습니다. 다양한 키워드를 수집하고, 키워드 간의 연관성을 고려해 연결해보는 작업을 추천합니다.

■ 2025 개정 교육과정에 근거한 최신 교육 트렌드 용어 30

AI 디지털 교과서, 디지털 리터러시, 코딩교육, 디지털 시민성 교육, 블렌디드 러닝, 학습 관리 시스템LMS, 가상현실VR 및 증강 현실AR 활용 교육, 융합교육STEAM, 프로젝트 기반 학습PBL, 문제해결중심학습, 창의적 체험활동, 학생주도학습, 자기주도학습역량, 다중지능이론 기반학습, 디자인씽킹, 생태전환교육, 환경교육, 순환경제교육, 다문화교육, 인성교육, 감성교육, 협력학습, 민주시민교육, 평화교육, 지구촌시민교육, 학습자 맞춤형 교육, 평생학습역량, 학습공동체

■ 2015 개정 교육과정 미술교육 용어 검색 방법(챗GPT) 및 결과

한국 교육부에서 만든 2015 개정 교육과정에 근거해 미술 교과서에서 자주 사용하는 미술 교육 용어 30개를 알려줘.

2015 개정 교육과정에 근거한 미술 교과서에서 자주 사용하는 미술 교육 용어 30개는 아래와 같습니다. 이 용어들은 교과 과정의 영역(표현, 감상, 미적 체험 등)과 연계되어 자주 등장합니다.
점, 선, 면, 형태, 색, 질감, 공간감, 비례, 균형, 대비, 드로잉, 수채화, 판화, 콜라주, 모빌, 스케치, 원근법, 명암, 소묘, 애니메이션, 정물화, 풍경화, 인물화, 추상화, 현대 미술, 미술 감상, 미술 비평, 미적 체험, 미술 문화, 미술사

셋째, 내가 만든 학습전략, 활동 단계를 반영해서 독립변인을 만드는 것입니다. 한 가지 예를 통해 설명하겠습니다. 'S.S.E.N. 온(溫)라인 체육 프로그램으로 체력 기르기'라는 연구 주제에서 독립변인은 'S.S.E.N. 온(溫)라인 체육 프로그램'입니다. 여기에서 S.S.E.N.은 연구 프로그램의 학습전략이자 활동 단계의 앞 글자를 따서 독립변인으로 설정했습니다. '계획하고Schedule─실천하며Simulate─결과를 평가하고Evaluate─공유하는Network 수업'이 연구 주제의 핵심입니다.

■ 연구 주제 분석: S.S.E.N. 온(溫)라인 체육 프로그램으로 체력 기르기

(교육자료전 전국 1등급)

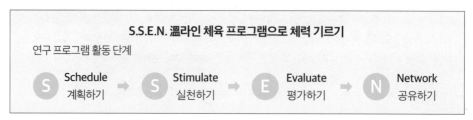

한 가지 예를 더 들어보겠습니다. 'FARM 프로젝트로 핵심역량을 갖춘 꼬마 농부 작가 되기'라는 연구 주제에서 독립변인은 'FARM 프로젝트'입니다.

■ 연구 주제 분석: FARM 프로젝트로 핵심역량을 갖춘 꼬마 농부 작가 되기

(2023 수업혁신사례 연구대회 전국 1등급)

| FARM 프로젝트로 핵심역량을 갖춘 꼬마 농부 작가 되기 | 단계 | | 교수·학습 활동 |
|---|---|---|---|
| | F | Field 체험 | ■ 텃밭과 자연을 체험하며 융합주제와 만나기<br>- 주제를 직접 체험하며 경험적 이해를 쌓는 단계 |
| | A | Awake 이해 | ■ 탐구 활동으로 융합주제 깊이 이해하기<br>- 주제 관련 탐구 활동을 통해 인지적 이해를 쌓는 단계 |
| | R | Write 글쓰기 | ■ 반성적 글쓰기 + 종류별 글쓰기<br>- 융합주제에 대한 나의 생각을 다양한 종류의 글로 표현하는 단계 |
| | M | Mind 성찰 | ■ 프로젝트 성찰로 역량 다지기<br>- 프로젝트를 통해 성장한 자신을 발견하고 성찰하며 평가하는 단계 |

'S.S.E.N. 온(溫)라인 체육 프로그램으로 체력 기르기'에서처럼 이 연구 보고서도 학습전략이자 활동 단계의 앞 글자를 따서 독립변인으로 설정했습니다. 이처럼 학습전략/활동 단계의 앞 글자를 따서 독립변인으로 만들었을 때의 장점이 무엇일까요? 학습전략/활동 단계의 앞 글자를 따서 독립변인(A 프로그램)으로 만들면 별도 연구 프로그램 이름을 짓지 않아 연구 보고서에서 사용하는 연구 용어의 개수가 줄어드는 효과가 생깁니다. 더불어 연구 주제에서부터 연구가 어떤 방식으로, 어떤 전략을 사용해서

이루어졌는지를 직관적으로 표현할 수 있습니다. 연구 주제에서 자주 보이는 Making, Research, SEED, NICE 등의 단어들은 대체로 학습전략/활동 단계를 줄여서 만든 약어들입니다.

만약 독립변인(A 프로그램)을 만드는 것이 어렵다면 아래의 '독립변인에서 자주 사용되는 영어 단어 63'을 참고해보세요.

■ 독립변인에서 자주 사용되는 영어 단어 63

Making, Research, Experiment, Action, Design, Share, Idea, Mapping, Story, Learn, Communication, School, ISSUE, FARM, FLOW, HONEY-JAM('꿀잼'의 영어 표현), SEED, GREEN, GRIT, POWER, TALK, GROW, NICE, UP, BASIC, IMAGINE, CREATION, REALIZE, ENTER, CHANGE, HOLD, Thinking, Keeping, Organize, Network, Expand, Together, Production, Search, Plus, Greet, Value, Identify, Develop, Achieve, Concentrate, Navigation, Knowledge, Prepare, Interaction, Relation, Fun, Link, Do, Mind, System, Try, Notice, Add, Heart, Meet, Ask, New

## ② 종속변인 설정하기

종속변인은 연구 프로그램을 적용한 '결과'입니다. 연구 프로그램으로 인해 '학생들이 변화한 모습'이나 '길러야 할 가치'가 종속변인이 됩니다. 전국 1등급 입상작의 연구 주제에서는 종속변인을 아래와 같이 제시하고 있습니다.

■ 2023 수업혁신사례 연구대회 전국 1등급 연구 주제의 종속변인

| 순서 | 연구 주제 | 종속변인 |
|---|---|---|
| 1 | SEED 프로젝트를 통한 생태시민성 싹 틔우기 | 생태시민성 |
| 2 | 빛깔 가득 프리즘(P.R.I.S.M) 프로젝트로 다채로운 국어과 역량 채우기 | 다채로운 국어과 역량 |
| 3 | '문해력 잇다(I.T.D.A)' 프로젝트로 알파세대 샛별 창작가의 미래역량 키우기 | 샛별 창작가 / 미래역량 |
| 4 | 자타공인 성장(G.R.O.W.) 프로젝트로 N.I.C.E.한 도덕인 기르기 | N.I.C.E.한 도덕인 |

연구 보고서에서 연구 결과는 사실 정해져 있습니다. 그 이유는 우리가 준비하는 연구가 '국가 수준 교육과정'에 근거하기 때문입니다. 국가 수준 교육과정에서는 각 교과

별, 학년별로 학생들이 꼭 함양해야 할 '미래 핵심역량'을 제시하고 있습니다. 따라서 연구 프로그램인 독립변인의 설계는 이 미래 핵심역량을 기반으로 이루어지며, 연구 과정과 방법은 이를 효과적으로 측정하고 증명할 수 있도록 체계적으로 계획되어야 합니다. 결과적으로 '본 연구 프로그램을 통해 **미래 핵심역량**이 함양되었다'가 연구 결과가 되는 셈입니다.

정리하자면, 종속변인을 설정할 때는 ① 국가 수준 교육과정에서 제시하는 미래 핵심역량을 활용하거나, ② 연구 프로그램을 통해 변화한 학생들의 모습을 담아내면 됩니다. 다만, 대회별 차이는 다소 고려할 필요가 있습니다. 수업혁신사례 연구대회나 인성교육 실천사례 연구발표대회의 경우 비유적인 표현(예) N.I.C.E한 도덕인)을 사용하는 편입니다. 반면, 교육자료전의 경우 종속변인을 '체력', '문해력'과 같이 직접적으로 표현하는 편입니다. 절대적인 기준은 아니니 연구를 잘 살릴 수 있는 종속변인 표현을 사용하세요.

저는 독립변인 용어 두 개, 종속변인 용어 한 개로 연구 용어를 구성하는 편입니다.

■ 도비쌤의 독립변인, 종속변인 설정 전략

① **독립변인**
 − 단어 A : 특색 활동, 교육 트렌드가 반영된 용어
 − 단어 B : 학습전략/활동 단계 앞 글자를 딴 연구 프로그램 이름

② **종속변인**
 − 수업혁신사례 연구대회 : '융합', '에듀테크', 'AI' 등 트렌드 키워드 활용
 − 교육자료전 : 개발 자료를 통해 기를 수 있는 역량을 직접적으로 표현
 − 인성교육 실천사례 연구발표대회 : 연구 프로그램을 통해 변화된 학생들의 모습을 인성과 연관지어 표현(예 : 민주시민)

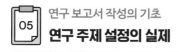
## 05 연구 주제 설정의 실제

앞서 언급한 내용들을 바탕으로 실제적으로 연구 주제를 설정해보도록 하겠습니다. 저는 연구 주제를 설정할 때 '연구 주제 만들기' 양식(105쪽 참고하세요)을 활용하는 편입니다. 연구 주제 만들기 양식을 어떻게 작성하는지 함께 알아봅시다.

■ 도비쌤의 독립변인, 종속변인 설정 전략(예시)

| 중심 이론 | 문제해결학습(듀이), 2019 사회과 교육과정 | | |
|---|---|---|---|
| 특색 활동 | 창의 · 융합형 프로젝트 학습 | | |
| 연구 내용 | 사회과 학습 내용을 실생활 기반 창의.융합형 프로젝트 학습 방식으로 구성하고, 학생들이 이를 해결하는 과정을 통해 자연스럽게 민주시민역량을 함양할 수 있도록 한다. | | |
| 나의 연구와 관련성이 있는 연구 보고서 (최소 5개) | 연구 주제 1 | 사미인곡四美人曲 LA-LA 사회 수업으로 미래 핵심 역량 기르기 | |
| | 독립변인 | 사미인곡四美人曲 LA-LA 사회 수업 | 종속변인 미래핵심역량 |
| | 연구 주제 2 | 눈길, 손길, 마음길로 通하는 국어 생활 BEST 되기! | |
| | 독립변인 | 눈길, 손길, 마음길 | 종속변인 국어 생활 BEST |
| | 연구 주제 3 | SOCIAL 프로젝트와 아고라AGORA 활동의 만남으로 성장하는 사회과 역량 | |
| | 독립변인 | SOCIAL 프로젝트, 아고라AGORA 활동 | 종속변인 사회과 역량 |

우선, 연구 내용을 먼저 작성합니다. 연구 내용을 작성할 때는 내가 생각하는 연구 프로그램의 방향을 작성하면 됩니다. 처음부터 자세하게 작성하지 않아도 됩니다. 연구 내용을 작성하면서 대략적으로 내가 어떤 연구를 하고 싶은지를 확인합니다. 내용이 두루뭉술하더라도 내 생각을 정리하는 단계이기 때문에 꼭 작성합니다. 그리고 작성한 연구 내용을 바탕으로 연구 내용에 어울리는 중심 이론과 특색 활동을 작성합니다.

중심 이론, 특색 활동, 연구 내용을 모두 작성한 다음 내가 하고자 하는 연구와 관련된 연구 보고서를 찾습니다(에듀넷-티클리어에서 찾을 수 있습니다). 최소 다섯 편은 찾아야 합니다.

다음으로 내가 찾은 연구 보고서의 연구 주제를 독립변인과 종속변인으로 나눠 분석

합니다. 분석 후에는 연구 주제를 설정하는 데 활용할 만한 단어를 생각나는 대로, 많이 적어봅니다. 하루 고민한다고 해서 좋은 연구 주제가 나오진 않습니다. 최대한 시간을 많이 할애해서 연구 주제에 활용할 만한 단어를 최소 10개는 만들어야 합니다. 독립변인, 종속변인에 활용할 단어를 모두 만들었다면 연구 주제의 기본 형식, '독립변인을 통한 종속변인(A 프로그램을 통한 B 결과)'에 내가 만든 단어를 넣어봅니다.

| 나의<br>연구제목 단어<br>(최소 10개 이상) | 독립변인<br>(A 프로그램) | 4色 여행 | 4色 빛깔 | 4通 여행 |
|---|---|---|---|---|
| | | S.T.A.R 활동 | 문제 해결 S.T.A.R | |
| | | 4色 프로젝트 | | |
| | 종속변인<br>(B 효과) | 민주시민역량 | 미래핵심역량 | 사회과 역량 |
| | | B.E.S.T 시민 | 미래학습역량 | 창의·융합인재 |

**독립변인 을 통한  종속변인**

만약 연구 주제에 학생들의 성장 모습을 구체적으로 제시하고 싶다면 하나의 단어를 더 추가해도 됩니다(이렇게 추가해도 연구 용어는 세 개입니다).

| 나의<br>연구제목 단어<br>(최소 10개 이상) | 독립변인<br>(A 프로그램) | 4色 여행 | 4色 빛깔 | 4通 여행 |
|---|---|---|---|---|
| | | S.T.A.R 활동 | 문제 해결 S.T.A.R | |
| | | 4色 프로젝트 | | |
| | 종속변인<br>(B 효과) | 민주시민역량 | 미래핵심역량 | 사회과 역량 |
| | | B.E.S.T 시민 | 미래학습역량 | 창의·융합인재 |

**문제 해결 S.T.A.R  4通 여행 을 통한  민주시민역량**

이 과정을 거쳐 '문제 해결 S.T.A.R들의 4通 여행으로 민주시민역량 기르기'라는 연구 주제가 만들어졌습니다. 이제 다음의 '연구 주제 만들기' 양식을 활용하여 여러분만의 연구 주제를 만들어보세요.

■ 연구 주제 만들기(양식)

| 중심 이론 | | | | |
|---|---|---|---|---|
| 특색 활동 | | | | |
| 연구 내용<br>(연구 방향) | | | | |
| 나의 연구와<br>관련성이 있는<br>연구 보고서 단어<br>(최소 5개)<br><br>★<br>참고한 보고서는<br>출력하여 보고서<br>작성할 때 참고자료<br>(2~3개)로 사용해요!<br>★ | 연구 주제 1 | | | |
| | 독립변인 | | 종속변인 | |
| | 연구 주제 2 | | | |
| | 독립변인 | | 종속변인 | |
| | 연구 주제 3 | | | |
| | 독립변인 | | 종속변인 | |
| | 연구 주제 4 | | | |
| | 독립변인 | | 종속변인 | |
| | 연구 주제 5 | | | |
| | 독립변인 | | 종속변인 | |
| 나의 연구 제목 단어<br>(최소 10개,<br>최신 교육 트렌드 키워드<br>함께 넣기) | 독립변인<br>(A 프로그램) | | | |
| | | | | |
| | 종속변인<br>(B 효과) | | | |
| | | | | |
| 나의 연구 제목 만들기<br>(최소 5개) | '독립변인'을 통한 '종속변인'<br>'A 프로그램'을 통한 'B 결과' 양식 활용 | | | |
| | 1 | | | |
| | 2 | | | |
| | 3 | | | |
| | 4 | | | |
| | 5 | | | |

■ 연구 주제 만들기(작성 예시)

| 중심 이론 | 문제해결학습(듀이), 2022 사회과 교육과정 | | | |
|---|---|---|---|---|
| 특색 활동 | 창의·융합형 프로젝트 학습 | | | |
| 연구 내용<br>(연구 방향) | 사회과 학습 내용을 실생활 기반 창의·융합형 프로젝트 학습 방식으로 구성하고, 학생들이 이를 해결하는 과정을 통해 자엽스럽게 민주시민역량을 함양할 수 있도록 한다. | | | |
| 나의 연구와<br>관련성이 있는<br>연구 보고서 단어<br>(최소 5개)<br>★<br>참고한 보고서는<br>출력하여 보고서<br>작성할 때 참고자료<br>(2~3개)로 사용해요!<br>★ | 연구 주제 1 | 사미인곡(四美人曲) LA-LA 사회 수업으로 미래핵심역량 기르기(내용 Good) | | |
| | 독립변인 | 사미인곡(四美人曲) LA-LA<br>사회 수업 | 종속변인 | 미래핵심역량 |
| | 연구 주제 2 | 눈길, 손길, 마음길로 通하는 국어 생활 BEST 되기!(제목 Good) | | |
| | 독립변인 | 눈길, 손길, 마음길 | 종속변인 | 국어 생활 BEST |
| | 연구 주제 3 | SOCIAL 프로젝트와 아고라(AGORA) 활동의 만남으로 성장하는 사회과 역량(활동 Good) | | |
| | 독립변인 | SOCIAL 프로젝트, 아고라<br>(AGORA) 활동 | 종속변인 | 사회과 역량 |
| 나의 연구 제목 단어<br>(최소 10개,<br>최신 교육 트렌드 키워드<br>함께 넣기) | 독립변인<br>(A 프로그램) | 4色 여행 | 4色 빛깔 | 4通 여행 |
| | | S.T.A.R 활동 | 문제 해결 S.T.A.R | |
| | | 4色 프로젝트 | | |
| | 종속변인<br>(B 효과) | 민주시민역량 | 미래핵심역량 | 미래핵심역량 |
| | | B.E.S.T 시민 | 미래학습역량 | 창의·융합인재 |
| 나의 연구 제목 만들기<br>(최소 5개) | '독립변인'을 통한 '종속변인'<br>'A 프로그램'을 통한 'B 결과' 양식 활용 | | | |
| | 1 | 반짝반짝 S.T.A.R 활동으로 B.E.S.T 시민 되기 | | |
| | 2 | 문제해결 S.T.A.R들의 4色 여행으로 민주시민역량 기르기 | | |
| | 3 | 문제해결 S.T.A.R들의 4通 여행으로 민주시민역량 기르기 | | |
| | 4 | 4色 빛깔 프로젝트로 사회과 역량 기르기 | | |
| | 5 | 문제 해결 S.T.A.R들의 B.E.S.T 시민 되기 프로젝트 | | |

# 06 연구 주제의 평가

연구 주제 설정만큼 중요한 것이 연구 주제에 대한 평가입니다. 연구 주제를 만들었다면, 최소 세 명 이상의 동료 교사에게 검증받길 추천합니다. 이때, 최소 5~10년 차 이상, 연구대회 경험이 있는 교사나 연구대회 참가/지도 경험이 있는 교장, 교감 선생님께 검증받는 것이 좋습니다. 물론, 간혹 이런 분들이 있습니다.

"교장, 교감 선생님께 검토받는 건 부담스러워요!"

저 역시 동의합니다. 하지만 어차피 연구 보고서를 제출할 때 교장, 교감 선생님께 연구 보고서를 보여드리지 않을 수는 없습니다. 그러니 처음부터 연구대회, 연구 보고서에 대해 의논하며 의견을 교류하는 것이 좋습니다. 그럼에도 불구하고 논의하기에 어려운 환경이라면, 아래의 양식을 활용해보세요.

■ **연구 주제 체크리스트**(자기평가)

| | 연구 주제 검증(형식) | | |
|---|---|---|---|
| 1 | 독립변인, 종속변인이 모두 있는가?(구분할 수 있는가?) | YES | NO |
| 2 | 미사여구가 많지 않은가?(간결하게 표현하였는가?) | YES | NO |
| 3 | 교과의 특색이 드러나는가? | YES | NO |
| 4 | 교육 최신 트렌드를 알아볼 수 있는 키워드가 있는가? | YES | NO |
| 5 | 제목에 부정적인 표현은 없는가? | YES | NO |
| | 연구 주제 검증(내용) | | |
| 1 | 중심 이론과 특색 활동에 연관성이 있는가? | YES | NO |
| 2 | 연구 주제가 최신 교육 정책과 관련이 있는가? | YES | NO |
| 3 | 최근 교육계에서 주목하는 이슈가 반영되어 있는가? | YES | NO |
| 4 | 연구 내용이 실제적으로 학생들에게 도움이 되는가? | YES | NO |
| 5 | 연구 내용이 대상 학년에 적합한가? | YES | NO |

■ 연구 주제 체크리스트(동료평가)

| | 연구 주제 검증 체크리스트 | | |
|---|---|---|---|
| 1 | 연구 주제를 읽고 어떤 연구 주제인지 직관적으로 이해할 수 있는가? | YES | NO |
| 2 | 교육 최신 트렌드 키워드가 있는가? | YES | NO |
| 3 | 연구 프로그램과 연구의 기대 효과가 연구 주제에서 드러나는가? | YES | NO |
| 4 | 이 연구 주제에 5점 만점 기준으로 몇 점을 줄 수 있을까? | ☆☆☆☆☆ | |
| 5 | 연구 주제에서 좋았던 점은? | | |
| 6 | 연구 주제에서 개선해야 할 점은? | | |

# 연구 보고서 참고 사이트

 연구대회를 준비하기 위해 연구 보고서를 찾아보려고 합니다. 전국대회에서 입상한 연구 보고서를 어디에서 찾을 수 있을까요?

 연구 보고서 참고 사이트(1)
## 01 에듀넷-티클리어

출처 : 에듀넷-티클리어 사이트

전국대회에서 입상한 연구 보고서는 '에듀넷-티클리어(info.edunet.net)'에서 찾을 수 있습니다. 에듀넷에 접속한 다음, [연구]-[연구대회]-[연구대회 입상작] 탭을 클릭하면 시기별, 대회별 연구대회 입상작을 확인할 수 있습니다.

출처 : 에듀넷-티클리어 사이트

출처 : 에듀넷-티클리어 사이트

## 02 연구 보고서 참고 사이트(2)
# 에듀랑

에듀랑(edurang.net)은 대전광역시교육청에서 운영하는 대전교육포털의 이름입니다. 에듀랑의 최대 장점은 로그인을 하지 않더라도 연구대회 입상작의 수업 영상을 시청할 수 있다는 것입니다. 이는 연구 주제나 연구 프로그램 아이디어를 수집할 때 매우 좋습니다. 수업 동영상을 반드시 제출해야 하는 수업혁신사례 연구대회의 경우, 수업 영상 촬영 및 교수·학습과정안 작성에 에듀랑의 우수 수업 동영상을 참고할 수 있습니다. 우수 수업 동영상은 [교수학습지원센터]-[교원연구지원]-[우수수업동영상]-[유초등/중등] 탭을 클릭하면 확인할 수 있습니다.

출처 : 에듀랑 사이트

# 참고 연구 보고서 선정·분석

 연구대회를 준비할 때 전국 1등급 입상작 중 어떤 연구 보고서를 참고 연구 보고서로 선
정해야 할지, 고른 연구 보고서를 어떻게 분석해야 할지 모르겠습니다. 도비쌤은 어떤
기준으로 참고할 연구 보고서를 선정하는지, 연구 보고서를 어떻게 분석하는지 궁금합
니다.

 참고 연구 보고서 선정·분석
**01 참고 연구 보고서 선정 Tip**

> "1등급 보고서를 봐도 왜 1등급인지 잘 모르겠어요.
>
> 솔직히 다 유치(?)찬란한 제목에 비슷비슷한 활동인데 등급이 어떻게 갈리고
>
> 떨어지는지…. 중등은 주제도 다양하고 왜 입상했는지 보이는데
>
> 초등은 뭐랄까, 정말 다 비슷한 것 같더라고요. 네이밍도 그렇고."

위 내용은 제가 강의 공지를 게시했을 때 어떤 선생님께서 남겨주신 댓글입니다. 저
역시 이 댓글을 읽고 일부 공감하기도 했습니다. 심사위원이 어떤 이유로 특정 연구 보
고서를 전국 1등급으로 선정했는지는 저도 잘 모릅니다. 그 이유는 간단합니다. 전 심사
위원이 아니니까요. 다만, 저는 어떤 연구 보고서를 분석하든 항상 이 마음가짐을 잊지
않으려 합니다.

"이 연구는 어떤 장점이 있을까?"

연구 보고서에는 1년이라는 긴 시간 동안 온 힘을 다해 교육 연구에 매진한 선생님의 노고가 담겨 있기 때문입니다. 연구자의 노력을 존중할 줄 아는 평가자의 입장에서, 전국 1등급 연구 보고서의 장점을 찾아보는 것 정도는 할 수 있습니다. 내 눈에 좋아 보이는 것이 남의 눈에도 좋아 보이는 법이죠. 내가 연구 보고서에서 찾은 장점이 곧 심사위원이 이 연구 보고서를 전국 1등급으로 선정한 이유가 될 수 있습니다.

이렇게 말씀드리면 '뭐야, 왜 이렇게 두루뭉술해?'라고 하실 수 있어요. 그래서 제가 하는 방식을 간단히 소개하겠습니다. 우선 저는 제가 참가하고자 하는 연구대회의 전국 1등급 연구 보고서는 가급적 모두 읽어 보는 편입니다. 그리고 최근 2년 동안의 전국 1등급 연구 보고서 중 내가 참가하고자 하는 분과의 전국 1등급 연구 보고서 2~3개를 고릅니다. 다만, 해당 분과에 전국 1등급이 없는 경우에는 전국 2등급 중에서 괜찮은 연구 보고서를 고릅니다. 저는 참고할 연구 보고서를 고를 때 아래의 기준에 따라 선정하는 편입니다. 저의 주관적인 견해이니 참고 정도만 하세요.

■ **도비쌤의 참고 연구 보고서 선정 기준**

> ① 서론, 본론, 결론이 깔끔하게 정리되어 있다.
> ② 기본적인 연구 보고서 형식(주제, 양식)에 맞게 작성되어 있다.
> ③ 연구 보고서를 흑백 출력했을 때 깔끔하다(디자인이 화려하지 않다).
> ④ 학생, 학부모 피드백이 풍부하고, 교사가 의문을 가질 수 있는 지점을 잘 풀어 썼다.
> ⑤ 연구의 필요성과 연구 목적이 납득이 된다.
> ⑥ 교육과정-수업-평가의 시퀀스가 매끄럽고, 최신 트렌드를 잘 반영했다.

만약 수업혁신사례 연구대회 융합 분과에 도전하실 거라면 본인이 선택한 메인 교과와 연계할 수 있는 일반 교과 전국 1등급 연구 보고서를 꼭 함께 읽어 보세요. 연구에 대한 아이디어를 얻을 수 있을 뿐만 아니라 최신 연구 동향도 확인할 수 있습니다.

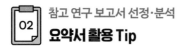
저는 연구 보고서를 분석할 때 요약서를 주로 활용하는 편입니다. 이 방법은 저를 직접 지도하셨던 교감 선생님께서 알려주신, 본인만의 노하우인데 효과가 대단히 좋습니다. 같이 한번 알아볼까요?

첫째, 요약서를 읽지 않고, 연구 보고서 본문을 먼저 읽습니다. 둘째, 연구 보고서를 읽으면서 연구 내용을 개괄식으로 정리합니다. 셋째, 요약서를 읽으며 내가 개괄식으로 정리한 것과 비교해봅니다. 내가 정리한 내용과 요약서가 크게 다르지 않다면 '이 연구 보고서는 이해하기 쉽게 쓰여진 보고서라 참고할 만하다'고 판단합니다.

이 방법의 가장 큰 장점은 연구 보고서의 핵심 내용을 스스로 정리하면서 이해력을 높일 수 있다는 점입니다. 단순히 요약서를 먼저 읽고 본문을 훑어보는 방식과 달리, 본문을 직접 읽고 개괄적으로 정리하는 과정에서 중요한 개념을 능동적으로 파악하게 됩니다. 또한, 내가 정리한 내용과 요약서를 비교함으로써 연구 보고서의 논리적 구조와 핵심 주제를 더 정확하게 이해할 수 있습니다. 만약 내 정리 내용과 요약서의 내용이 많이 다르다면, 내가 놓친 부분이 있는지 점검하거나, 연구 보고서가 다소 어렵게 서술된 것은 아닌지 판단할 수도 있습니다.

■ 도비쌤의 연구 보고서 정리 방법(예시)

| 연구 주제 | 「STEP × SWING 프로젝트」로 수학 교과 역량 신장하기 | | |
|---|---|---|---|
| | (2023년 수업혁신사례연구대회 전국1등급) | | |
| 연구 용어 | 독립변인 | 「STEP × SWING 프로젝트」<br>- STEP : 수업 전략(Synergy(융합 연계)-Tech(에듀테크)-Evaluation(과정중심평가)-<br>  Play(수업놀이)<br>- SWING : 수업 단계(Search(탐색하기)-Wonder(호기심 갖기)-Implement(실행하기)-<br>  Nudge(나아가기)-Generalize(일반화하기) | |
| | 종속변인 | HOLE-IN-MATH(수학교과역량)<br>1) Have attitude(태도 및 실천)    2) Originality(창의융합)<br>3) Lead solution(문제 해결)        4) Express(의사소통)<br>5) Inference(추론)                      6) Notice(정보처리) | |
| 수업 전략 | 1) Synergy(융합 연계) : 교과 연계, 실생활 중심<br>2) Tech(에듀테크) : 수학 관련 다양한 에듀테크 스킬 적용<br>3) Evaluation(과정중심평가) : 교육과정에 근거한 역량 평가, 피드백 제시 | | |
| 활동 단계 | SWING : Search(탐색하기)-Wonder(호기심 갖기)-Implement(실행하기)-Nudge(나아가기)-<br>Generalize(일반화하기) | | |
| 트렌드<br>키워드 | #에듀테크, #융합, #과정중심평가, #놀이학습, #뷰카(VUCA), #디지털 네이티브, #기초학력 #디지털<br>대전환 | | |
| 주요 활동 | 1. 소수의 즐거움! 비와 비율에 빠지다<br>2. 비율의 매력! 비와 비율에 빠지다<br>3. 도형의 매력! 각기둥과 각뿔을 만들다<br>4. 측정의 재미! 부피와 겉넓이에 끌리다<br>5. 그래프의 깔끔함! 다양한 그래프를 그리다 | | |
| 활용<br>에듀테크 | 1. 패들렛[학생 의견 수렴(질문 전략 연계)]<br>2. 다했어요, 띵커벨, 카훗(평가 활용)<br>3. 캔바, 3D 전개도 큐브, 티프매쓰<br>4. EBS Math(자기 주도 학습, 학생 스스로 문제해결 기회 제공) | | |
| 내가 생각하는<br>장점 | 1. HOLE-IN-MATH(수학교과역량)에 맞춰 학생들이 활동을 통해 어떤 깨달음을 얻었는지, 학생들이<br>  깨달음을 얻은 부분을 구체적으로 어떻게 확인할 수 있는지를 활동 끝마다 명확하게 제시함.<br>2. 보고서 형식 준수, 가독성이 좋음.<br>3. 학생들 활동 사진, 활용 학습 자료가 구체적으로 제시되어 내가 수업을 할 때 충분히 참고할 수 있<br>  는 수준 | | |

# 연구 보고서
# 영역별 작성법

# 연구의 필요성

 연구의 필요성은 연구 보고서에서 매우 중요하다고 들었습니다. 제가 하고 싶은 연구가 왜 필요한지 설득력 있게 쓰려면 어떻게 해야 할까요? 또, 연구의 필요성을 쓸 때 어떤 내용을 포함해야 하는지, 작성할 때 주의해야 할 점은 무엇인지, 어느 정도 분량으로 서술해야 하는지 궁금합니다.

 연구의 필요성
## 01 연구의 필요성이란?

    연구의 필요성은 '연구 주제가 왜 중요한가?'를 설명하는 부분입니다. 쉽게 말해 '왜 이 연구가 필요한가요?'라는 질문에 대한 답이라고 할 수 있습니다. 연구의 필요성 분량은 대체로 1쪽입니다. 하지만 연구 보고서에서 연구의 필요성 부분은 연구 보고서 본문 요소 중 가장 중요합니다. 심사위원 입장에서 연구가 왜 필요한지를 이해하지 못한다면 연구 내용을 '굳이' 자세하게 읽어볼 이유가 없기 때문입니다. 단 한 쪽만으로 심사위원에게 내 연구가 왜 중요한지를 설명해야 하므로 연구의 필요성은 다른 보고서 본문 요소보다 힘을 주어 작성해야 합니다.

■ 연구의 필요성 3요소

교사의 연구는 다른 학자들의 연구와 달리 학문적 성취보다는 교육현장의 요구와 필요성에 맞춰 진행됩니다. 그래서 교사의 연구에서 '연구의 필요성'은 교육현장에서 겪는 문제와 해결책을 중심으로 서술되어야 합니다. 교사의 연구가 '교육문제 개선'에 방점을 두기 때문에 연구 보고서에서는 시대적 요구, 사회적 요구, 교육 수요자의 요구를 중심으로 '연구의 필요성'을 작성합니다.

제가 연구의 필요성을 작성할 때 자주 사용하는 방법을 한 가지 공유하겠습니다. 저는 전국 1등급 연구 보고서에서 제시한 연구의 필요성에 저의 교육 경험, 우리 반 학생들의 교육 활동 상황을 연관 지어 작성하는 편입니다. 예를 들어볼까요? 2023년 수업혁신사례 연구대회 수학 분과 전국 1등급 연구 보고서에서 '연구의 필요성'으로 제시한 문제는 아래와 같습니다.

■ 연구의 필요성 정리 : 2023년 수업혁신사례 연구대회 수학 분과 전국 1등급 보고서

① 시대적 변화 : 뷰카VUCA 시대, 4차 산업혁명, 포스트코로나

② 교육의 디지털 대전환 : 디지털 네이티브 세대, 디지털 소양 교육의 필요성

③ 사회성, 공감 능력 부족

④ 수학 성적은 최상위나 흥미도는 최하위(다른 교과와 수학을 대하는 학생들의 온도 차)

⑤ 2015 개정 교육과정에서 2022 개정 교육과정으로 변경

⑥ 수학과의 기초학력 문제(수학 학업 성취도 격차가 너무나 큼.)

⑦ 제3차 수학교육 종합계획

기존 연구 보고서에서 제시한 연구의 필요성을 파악하면 내가 어떤 관점을 가져야 하

는지, 어떤 방식으로 문제에 접근해야 하는지가 명료하게 정리됩니다. 제가 만약 수업 혁신사례 연구대회의 수학 분과에 참가한다면 저는 디지털 생태전환교육과 접목하여 연구 프로그램을 구안 적용해볼 것 같습니다. 최근 지구온난화로 환경 문제가 심각해지는 상황 속에서 디지털 네이티브 세대인 학생들이 자연이라는 돋보기를 통해 수학적 사고와 즐거움을 느끼며 환경과 생명의 소중함을 깨닫길 바라기 때문입니다(개인적인 의견이니 참고 정도만 하세요). 기존 연구 현황과 본인의 의견을 조합해서 연구 주제, 연구의 필요성을 도출하는 것이 포인트입니다.

물론 연구 내용에 대한 표절은 절대 안 됩니다. 하지만 선행연구 사례 분석과 나의 경험을 엮어 나만의 언어로 연구의 필요성을 쓰는 것은 표절이 아닙니다. WHY(왜)가 나오면 HOW(어떻게)는 저절로 따라옵니다. 연구의 필요성을 작성하기 어려운 경우 이 방법을 활용해보는 건 어떨까요?

■ **2022~2024년 대회별 핵심 키워드 정리**

① **수업혁신사례 연구대회** : 인공지능(AI), 에듀테크, 디지털 교육환경, 미래 역량, 학생참여 중심, 맞춤형 교육, 교사 전문성 강화, 교육과정 재구성, 프로젝트 기반 학습, 토의·토론 수업, 창의성 개발, 비판적 사고, 협력학습, 문제 해결 능력, 융합교육, 디지털 리터러시, 하이브리드 수업, 블렌디드 러닝, 원격수업, 수업 평가 혁신

② **인성교육 실천사례 연구발표대회** : 인성교육, 사회정서역량, 민주시민교육, 공감 능력, 책임감, 존중, 배려, 협력, 자기관리역량, 의사소통역량, 공동체의식, 도덕성, 사회성 발달, 정서 지능, 인성 덕목, 학교 폭력 예방, 디지털 윤리 교육, 학생 자치 활동, 교사전문성, 가정 연계 교육

③ **교육자료전** : 인공지능 활용 교육, 디지털 리터러시, 에듀테크 통합, 맞춤형 학습, 하이브리드 학습 환경, 메타버스, 게임 기반 학습, 마이크로 러닝, 워크플로우 러닝, 플립 러닝, 프로젝트 기반 학습[PBL], 역량중심 교육, 사회정서학습[SEL], 디지털 교과서, 원격 협업 도구, 학습 분석, AR/VR교육, 블렌디드 러닝, 지속가능 발전교육[ESD]

# 연구의 필요성 작성법

    연구의 필요성은 대체로 시대적 요구, 사회적 요구, 교육 수요자의 요구로 나눠 작성합니다(연구 내용에 따라 교육과정의 요구를 포함하기도 합니다). 수업혁신사례 연구대회의 경우 공동 연구를 진행할 때 '공동 연구의 필요성'을 반드시 작성해야 합니다(2024년 기준, 미작성 시 2점 감점됩니다). 기본적으로 연구의 필요성 작성 분량은 1쪽이 기준입니다. 다만, 최근 연구대회 트렌드가 연구 보고서 작성 분량을 줄이는 추세라 연구의 목적과 함께 작성하기도 합니다. 이 경우 연구의 필요성은 $\frac{3}{4}$쪽, 연구의 목적은 $\frac{1}{4}$쪽 정도로 작성 분량을 정하면 됩니다. 인성교육 실천사례 연구발표대회의 경우는 연구의 필요성 $\frac{1}{2}$쪽, 연구의 목적 및 용어의 정의 $\frac{1}{2}$쪽으로 작성하기도 합니다.

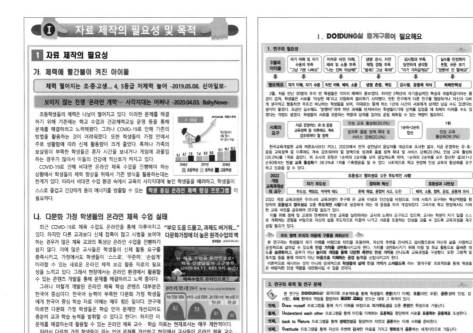

연구의 필요성 분량 1쪽 사례      연구의 필요성(¾), 연구의 목적(¼) 작성 사례

출처: (좌) S.S.E.N. 온(溫)라인 체육 프로그램으로 체력 기르기(2020 교육자료전 전국 1등급)

(우) DO!DUNG실 띄우는 뭉게구름으로 포근한 교실 만들기(2024 인성교육 실천사례 연구대회 전국 3등급)

연구의 필요성을 작성하는 한 가지 팁은 '문단 내용 요약 1줄 + 문단 내용 제시 구조'를 활용하는 것입니다. 이는 심사위원을 배려하기 위한 조치입니다. 심사위원은 제한 시간 동안 수십, 수백 편의 연구 보고서를 읽어야 합니다. 본문 위에 간단한 핵심 문장을 덧붙여주면 심사위원이 핵심 내용을 빠르게 이해하도록 도울 수 있습니다. 그래서 핵심 요약 한 줄과 세부 내용을 함께 제시할 것을 권합니다.

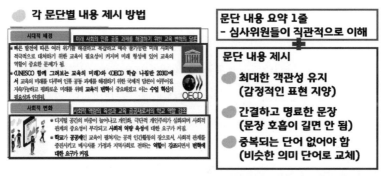

출처: 빛깔 가득 프리즘(P.R.I.S.M) 프로젝트로 다채로운 국어과 역량 채우기
(2023 수업혁신사례 연구대회 전국 1등급)

세부 내용을 작성할 때는 최대한 객관성을 유지할 것이 좋습니다. 우리는 감성을 자극하는 에세이를 쓰는 것이 아니라 객관적인 연구 결과를 공유하는 연구 보고서를 쓰는 것입니다. 만약 연구 보고서가 감성을 자극하는 에세이처럼 작성된다면, 교실 상황이 개인적인 경험에 치우쳐 과장되거나 왜곡될 가능성이 있습니다. 이는 연구 결과의 신뢰도를 떨어뜨리고, 독자들이 상황을 객관적으로 이해하는 데 방해가 될 수 있습니다. 따라서 교실 상황은 관찰, 데이터를 기반으로 최대한 객관적으로 제시해야 합니다. 아울러 문장은 간결하고 명료해야 합니다. 문장의 호흡이 길어지면 독자가 핵심 내용을 파악하기 어려워지며, 전달력도 떨어질 수 있습니다. 불필요한 수식어를 줄이고 간결한 표현으로 핵심을 명확히 전달하는 것이 중요합니다. 만약 반복되는 단어가 있다면 비슷한 의미의 단어로 교체합니다.

글틀을 디자인할 때는 (연구 내용에 따라 다소 차이는 있으나) 서너 개의 구역으로 나눠 만드는 것이 적당합니다. 이때, 세 관점(시대적 요구, 사회적 요구, 교육 수요자의 요구)으로 나눠 쓴다고 생각하면 쉽습니다. 내용을 작성하는 글틀 디자인은 꾸밈이 너무 화려하지 않되, 연구 내용의 핵심을 부각할 수 있도록 구성하면 됩니다.

여기서 한 가지 주의할 점이 있습니다. 내용을 작성할 때 다음 그림에서처럼 지그재그로 작성하거나, 다단을 사용하지 않습니다. 이유는 '가독성' 때문입니다. 우리가 글을 읽을 때 시선은 왼쪽에서 오른쪽, 위에서 아래로 이동합니다. 이는 심사위원도 크게 다르지 않습니다. 그런데 지그재그 문단 구조나 다단 구조는 일반적인 시선 흐름을 거스르게 합니다. 독자의 시선이 부드럽게 이동할 수 있도록 문단을 구성하도록 합니다.

■ 문단 구조에 따른 시선의 흐름

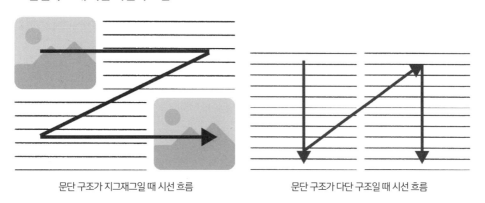

문단 구조가 지그재그일 때 시선 흐름 　　　　　 문단 구조가 다단 구조일 때 시선 흐름

연구의 필요성
### 03 연구의 필요성 작성 시 고려할 점

연구의 필요성을 작성할 때는 네 가지를 고려하는 것이 좋습니다. 첫째, 연구의 객관성을 확보하기 위해 통계나 언론 보도 자료를 활용하는 것을 추천합니다. 문제만 제시하는 것보다 문제를 뒷받침하는 근거 자료를 덧붙이는 것이 독자를 설득하기 훨씬 유리합니다. 예를 들어 '빛깔 가득 프리즘(P.R.I.S.M) 프로젝트로 다채로운 국어과 역량 채

우기(2023년 수업혁신사례 연구대회 전국 1등급)'에서는 유네스코와 OECD 데이터를 추가했습니다. 이는 연구의 객관성 확보에 많은 도움이 됩니다. 다만, 표절의 우려가 있으니 통계나 뉴스를 그대로 옮기는 것이 아니라 나의 언어로 풀어 적는 것이 좋습니다.

둘째, 보고서에서 다루는 연구 문제가 곧 '모두가 공감할 수 있는 문제'인 것이 좋습니다. 그렇다면 모두가 공감할 수 있는 문제는 어떻게 찾을 수 있을까요? 방법은 간단합니다. 앞서 강조했던 교육부, 교육청의 주요 정책, 교육계가 주목하는 이슈를 활용하는 것입니다. 이렇게 하면 연구 주제가 정책적 중요성과 연계되어 있어 긍정적인 평가를 받을 가능성이 커집니다. 더불어 실제 교육현장에서 활용 가능성이 커 실질적인 문제 해결에 기여할 수 있습니다.

셋째, 연구의 필요성을 작성할 때는 필요성을 제기한 만큼 그에 따른 해결 방향을 함께 제시해줘야 합니다. 여기서 해결 방향은 곧 연구의 방향이 됩니다. 문제만 제시하고 해결 방안을 제안하지 않으면 심사위원이나 독자로부터 구체성이 부족하다는 평가를 받을 수 있습니다. 이는 연구의 설득력을 약화시킵니다. 그래서 연구의 필요성을 작성한 다음에는 필요성에서 제시한 문제의 해결 방향도 한두 줄 작성하는 것이 좋습니다.

넷째, 중요 내용은 강조합니다. 중요 내용을 강조할 때는 중요 내용에 밑줄을 긋거나 글씨를 진하게 표현할 수 있습니다. 색깔을 달리하는 것도 방법이 될 수 있습니다. 이는 심사위원이 핵심 내용을 빠르게 파악할 수 있도록 돕는 조치입니다. 다만, 지나치게 많은 내용을 강조하지 않도록 합니다. 이 경우 가독성이 떨어집니다.

연구의 필요성
## 04 교육자료전 – 자료 제작의 필요성

교육자료전은 자료 제작 및 현장 적용이 핵심인 연구대회입니다. 그래서 교육자료전 연구 보고서에서는 개발한 자료에 대한 상세한 설명이 주를 이룹니다. 이러한 맥락에서 교육자료전의 '연구의 필요성'은 '자료 제작의 필요성'이란 이름으로 작성됩니다. 이는 다른 연구대회와의 차이점이기도 합니다. 하지만 기본적인 서술 방식은 비슷합니다. 자료 제작의 필요성에서는 자료를 제작할 수밖에 없는 시대적 문제와 사회적 문제를 통해 교육 수요자가 어떤 문제에 직면했는지, 어떤 요구가 대두되었는지를 서술합니다. 그리고 시대적 요구, 사회적 요구, 교육 수요자의 요구를 바탕으로 교육자료의 필요성을 언급합니다. '이 연구 프로그램이 왜 필요한가?'라는 질문에서 '교육자료가 왜 필요한가?'로 바뀌었을 뿐 큰 맥락에서 달라진 것이 없습니다. 교육자료전과 같은 실기 중심 연구대회에서 자주 쓰이는 패턴이니 참고하세요.

---

🔵 **추천** **연구의 필요성 작성 시 참고할 만한 연구 보고서**

**인성교육 실천사례 연구발표대회**
① '함께 넘기는 PAGE' 프로젝트로 바른 인성 책갈피 남기기
② W.H.Y 트레이닝으로 C.O.R.E 역량을 갖춘 미래 세계 민주시민 기르기

**수업혁신사례 연구대회**
① 꿀잼(HONEY-JAM) 생.동.감. 넘치는 과학탐험기
② DIVEIN 탐구수업으로 미래를 주도하는 DEEP 시민역량 기르기

**교육자료전**
① 흥미로운 계기교육, 메타버스와 함께 1년 톺아보기
② S.S.E.N. 온(溫)라인 체육 프로그램으로 체력 기르기

---

## 2

# 연구의 목적

 연구 목적을 쓸 때 연구의 필요성과 어떻게 다르게 써야 하는지, 또 얼마나 구체적으로 써야 하는지 잘 모르겠어요. 연구 주제랑 자연스럽게 연결되면서도 설득력 있게 쓰는 방법이 뭘까요? 그리고 목적을 쓸 때 적당한 분량이나 주의해야 할 점이 있다면 알려주세요.

연구의 목적
## 01 연구의 목적이란?

연구 보고서에서 '연구의 목적'은 연구자가 해결하고자 하는 문제나 달성하고자 하는 목표를 명확히 제시하는 부분입니다. 연구의 목적을 작성하는 이유는 연구 주제를 구체화하고, 이를 통해 독자에게 연구가 어떤 효과가 있는지를 설득력 있게 전달하기 위함입니다.

연구 보고서의 전체적인 맥락을 이해하기 위해 '연구의 흐름'을 통해 연구의 필요성부터 연구 목적까지를 연결해서 살펴보겠습니다. 우선 시대적, 사회적, 교육수요자의 요구로 연구의 필요성이 대두됩니다. 이에 따라 연구를 통한 시대적, 사회적, 교육수요자 요구에 대한 해결 방향이 제시됩니다. 이 해결 방향들을 하나의 문장으로 정리한 것이 '연구의 목적'입니다. 연구의 목적을 달성하기 위해 연구 문제를 구체화한 것이 '연구 프로그램(실천과제)'이 됩니다.

'융합 FARM 프로젝트로 미래 핵심 역량을 갖춘 꼬마 농부 작가 되기(2023년 수업혁

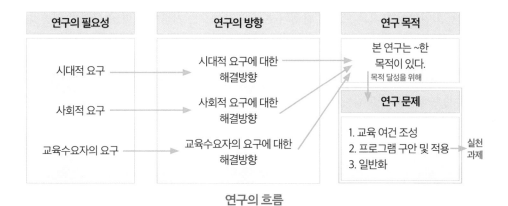

연구의 흐름

신사례 연구대회 국어과 전국 1등급)'의 '연구의 목적'을 예로 들어보겠습니다. 시대적 측면에서 '융합형 인재' 양성이 필요한 상황입니다(시대적 요구). 그래서 연구자는 '융합 주제 간 연계성을 높이는 프로젝트' 개발을 문제에 대한 해결책으로 제시했습니다. 사회적 측면에서 디지털 전환 시대에 디지털 리터러시 교육이 필요하다고 제시된 상황입니다(사회적 요구). 연구자는 이러한 사회적 요구를 바탕으로 '디지털 활용 교육'과 '글쓰기 교육'을 통해 변화와 성장을 성찰하고 가치를 내면화하는 교육이 필요하다는 해결 방향을 제시했습니다. 마지막으로 연구자는 교육 수요자 측면에서 저소득으로 인한 경험 지식, 성공 경험이 부족하다는 교실 문제를 언급했습니다(교육수요자의 요구). 그리고 문제 해결을 위해 학습 지원, 자연·텃밭 체험활동이 필요하다고 말합니다.

- **연구의 목적: 융합 FARM 프로젝트로 미래 핵심 역량을 갖춘 꼬마 농부 작가 되기**
  (2023년 수업혁신사례 연구대회 국어과 전국 1등급)

> ① **시대적 요구** — "미래 사회가 요구하는 융합형 인재를 기르려면?"
> ➡ 융합 주제 간 연계성을 높이는 프로젝트 개발 필요(교과-창체 활용).
> ② **사회적 요구** — "디지털 전환 시대, 디지털 리터러시 교육이 필요하다."
> ➡ 디지털 활용 교육과 더불어 글쓰기 교육을 통해 변화와 성장을 성찰하고 가치를 내면화하는 교육이 필요.
> ③ **교육수요자의 요구** — "저소득으로 인한 경험 지식, 성공 경험 부족."
> ➡ 학습 지원, 성장을 돌아보게 하는 매개로서 자연·텃밭 체험활동 필요.

이처럼 연구의 목적은 보고서 전체의 흐름을 잡아주는 기준이 되며, 연구자가 최종적으로 무엇을 이루고자 하는지 명확히 하는 데 중요한 역할을 합니다. 따라서 연구의 목적을 서술할 때는 연구의 필요성에서 언급한 문제들에 대한 각각의 해결 방안을 제시하는 방식으로 작성하면 됩니다.

연구의 목적

## 연구의 목적 작성법

### ① 연구의 목적 간략하게 정리하기

연구 보고서의 분량을 고려하여 연구의 목적을 간략하게 작성하고 싶을 때 쓰는 방법입니다. 연구 방향을 고려하여 연구의 핵심 키워드를 넣어 1~3개의 문장으로 정리하면 됩니다. 연구의 핵심 키워드는 연구 주제에서 사용했던 용어와 연구자가 중요하게 생각하는 핵심 키워드를 함께 활용하면 됩니다. 예를 들어 연구 핵심 키워드가 수학교과 역량, 하이터치 하이테크[HTHT] 역량이라면 이 키워드를 넣어 연구의 목적을 간략하게 작성하면 됩니다.

■ 간략하게 정리하기 : 학습 나침반과 함께 수학의 쓸모 배움길을 떠나요
　(2023년 수업혁신사례 연구대회 수학과 전국 1등급)

> • **연구 핵심 키워드 : 수학교과 역량, 하이터치 하이테크[HTHT] 역량**
> ➡ 2015 개정 교육과정을 바탕으로 삶과 배움이 연계된 학생 주도 참여형 수업 모델을 구안·적용하여 수학교과 역량을 함양한다.
> ➡ 미래형 교육환경에 대응한 수업설계와 평가, 학습자 맞춤 코칭 등 교사로서 하이터치 하이테크(HTHT) 역량을 강화한다.

## ② 수업 전략 및 핵심 역량 강조하기

연구자의 연구 방향과 연계하여 수업 전략/단계, 핵심 역량을 강조하는 방법입니다. 연구 주제를 설정할 때 사용했던 독립변인, 종속변인 용어를 사용하여 연구의 목적 개괄을 작성한 다음 세부 연구 방향과 수업 전략/단계, 관련 핵심 역량을 서술하면 됩니다. 이렇게 작성하면 연구자가 강조하고자 하는 연구의 핵심을 직관적으로 표현할 수 있다는 장점이 있습니다. 수업 전략 및 핵심 역량을 강조하는 방법을 적용하고자 한다면 2023년 수업혁신사례 연구대회 국어과 전국 1등급을 수상한 'F.A.R.M 프로젝트로 미래 핵심 역량을 갖춘 꼬마 농부 작가 되기(https://www.edunet.net/rsrchCnfrncRprt/view/120/82939)'를 참고해 보세요. 많은 도움이 되리라 확신합니다.

■ 연구의 목적 개괄(공식)

> **[공식]** 본 연구는 초등학교 ○학년 ○○과를 중심으로 [독립변인(A 프로그램)]을 통하여 [종속변인(B 변화)]을 향상하는 데/변화시키는 데/기르는 것에 목적이 있다. 연구의 세부 방향과 목적은 다음과 같다.
>
> **[예시]** 본 연구는 초등학교 5학년 국어과를 중심으로 6R 융합 주제 중심 F.A.R.M 프로젝트를 통하여 꼬마 농부 작가로 성장하여 미래 핵심 역량을 함양하는 데 그 목적이 있다. 연구의 세부 방향과 목적은 다음과 같다.

출처 : 융합 FARM 프로젝트로 미래 핵심 역량을 갖춘 꼬마 농부 작가 되기
(2023년 수업혁신사례 연구대회 국어과 전국 1등급)

**추천** **연구의 목적 작성 시 참고할 만한 연구 보고서**

**인성교육 실천사례 연구발표대회**

① 마음 숲을 더 가꾸어 미래의 주인공이 되어요

② '함께 넘기는 PAGE' 프로젝트로 바른 인성 책갈피 남기기

**수업혁신사례 연구대회**

① F.A.R.M 프로젝트로 미래 핵심 역량을 갖춘 꼬마 농부 작가 되기

② DIVEIN 탐구수업으로 미래를 주도하는 DEEP 시민역량 기르기

**교육자료전**

① 생각이 번뜩이는 I.D.E.A! 예감 온 [on] 놀이터

② S.S.E.N. 온(溫)라인 체육 프로그램으로 체력 기르기

# 용어의 정의

 연구 용어를 만들 때 몇 개까지 만들 수 있는지, 유의점은 없는지 궁금해요. 또, 기존 입상 작에서 많이 쓰였던 단어들을 사용해도 되는지도 알고 싶어요. 만약 그대로 쓸 경우 표절 로 보이지 않을까 걱정도 돼요. 연구 용어를 만드는 구체적인 방법을 알려주세요!

 용어의 정의

## 01 용어의 정의란?

'용어의 정의'는 연구에 사용되는 핵심 개념이나 용어를 명료하게 설명하는 부분입니다. 더불어 연구자가 연구 용어를 어떤 의미로 사용했는지 독자에게 알리는 역할도 담당합니다. 용어의 정의가 필요한 이유는 연구의 내용, 범위를 정의하고, 독자가 연구의 의도를 정확하게 이해하도록 돕기 위해서입니다. 또, 용어의 정의는 용어에 대한 오해를 줄이고, 연구의 전문성, 일관성을 높이는 데 중요한 역할을 합니다.

## 02 용어의 정의 작성법

### 용어 설정 방법 ① : 연구 용어는 최대 네 개까지만!

연구 보고서에 연구 용어는 독립변인과 종속변인을 합쳐서 최대 네 개까지만 설정하길 권합니다. 심사위원들은 매우 많은 연구 보고서를 읽습니다. 이 과정에서 생소한 용어로 가득한 보고서는 심사위원에게 피로감을 줄 수 있습니다. 연구자에게는 자신의 보고서가 소중하지만 심사위원에게는 수많은 보고서 중 하나일 뿐입니다. 따라서 연구자는 독자가 연구 보고서 내용을 쉽게 이해할 수 있게 작성해야 합니다. 생소한 용어 사용을 줄이고, 꼭 필요한 경우에는 용어에 대한 충분한 설명을 덧붙여야 합니다.

### 용어 설정 방법 ② : 연구 용어는 연구 활동에 자주 사용해야 함!

연구 용어는 연구 활동 내에서 활발하게 쓰여야 합니다. 연구 용어는 그 자체로 연구의 핵심을 담고 있습니다. 그렇기에 연구 용어는 연구 보고서 전반에서 일관되게 사용하고, 그 의미가 자연스럽게 드러나도록 맥락을 충분히 제공해야 합니다. 연구 보고서는 독자가 이해하고 공감할 때 진정한 가치를 발휘한다는 점을 기억하세요.

### 용어 설정 방법 ③ : 한글 위주 또는 적절한 영어 & 한글 조합!

최근 트렌드는 연구 용어를 설정할 때 한자 사용을 줄이는 편입니다. 대신 한글 줄임말이나 영어와 한글 조합 방법을 많이 사용합니다. 영어와 한글 조합 방법은 영문 약어로 학습전략이나 활동 단계를 표현할 때 많이 사용합니다. 「빛깔 가득 프리즘(P.R.I.S.M) 프로젝트로 다채로운 국어과 역량 채우기」, 「융합 FARM 프로젝트로 미래 핵심 역량을 갖춘 꼬마 농부 작가 되기」, 「S.S.E.N. 온(溫)라인 체육 프로그램으로 체력 기르기」, 「문제 해결 S.T.A.R들의 4通 여행으로 민주시민역량 기르기」 등이 영어와 한글 조합 방법을 사용해 연구 용어를 만든 대표적인 사례입니다.

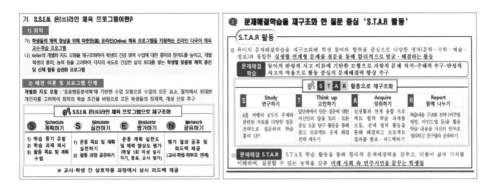

만약 용어의 정의에서 영어와 한글 조합 방법을 사용해 학습전략이나 활동 단계를 표현할 경우, 위의 예시처럼 도표로 제시하는 것이 좋습니다. 심사위원들이 용어의 의미를 직관적으로 이해할 수 있도록 돕기 위함입니다.

### 용어 설정 방법 ④ : 연구 용어에 학습전략/활동 단계 담기!

영어와 한글 조합 방법으로 연구 용어를 설정할 때 한 가지 팁은 우리가 수업에서 자주 사용하는 수업 모형을 활용하되 학습전략을 녹여내는 것입니다. 대체로 수업은 동기유발하기, 탐구하기, 결과 공유하기, 일반화하기 순으로 진행됩니다(활동 단계 표현은 활동 내용에 따라 변경 가능합니다. 임용고시 볼 때 암기했던 수업 모형을 기억해보세요).

이 순서를 고려해 연구 용어를 만들되, 다른 연구와 차별화되는 학습전략과 교과, 인성, 진로 등의 내용 요소를 추가하면 하나의 연구 프로그램이 완성됩니다. 사례를 통해 자세히 살펴볼까요?

'S.S.E.N. 온(溫)라인 체육 프로그램으로 체력 기르기'에서 S.S.E.N.은 Schedule(계획하기)-Simulate(실천하기)-Evaluate(평가하기)-Network(공유하기)의 약어로 연구 프로그램 전체를 관통하는 학습전략이자 활동 단계이기도 합니다. 이 학습전략/활동 단계를 학생들의 체력 향상을 위해 체육의 건강 영역에 적용한 것이 S.S.E.N. 온(溫)라인 체육 프로그램입니다(온(溫)라인의 경우 따뜻한(溫) 온라인(Online) 체육 프로그램을 의미합니다). 이러한 방식으로 연구 용어(독립변인)를 만들 경우, 최소한의 용어 설정으로 연구 프로그램 전반을 설명할 수 있다는 장점이 있습니다. 연구 용어 설정이 어렵다

S.S.E.N. 온(溫)라인 체육 프로그램으로 체력 기르기(2020 교육자료전 전국 1등급)

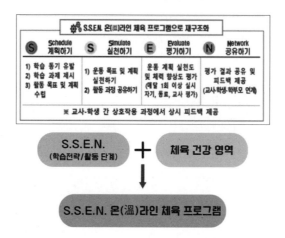

면 이 방법을 추천하며 'Chapter 2-5. 연구 보고서 작성의 기초'에서 '독립변인에서 자주 사용되는 영어 단어 63(101쪽)'을 함께 활용하세요.

추천  **연구의 필요성 작성 시 참고할 만한 연구 보고서**

**인성교육 실천사례 연구발표대회**

① 미래아이(MeRAE-i) P.L.A.N으로 인성역량 기르기

② '함께 넘기는 PAGE' 프로젝트로 바른 인성 책갈피 남기기

**수업혁신사례 연구대회**

① F.A.R.M 프로젝트로 미래 핵심 역량을 갖춘 꼬마 농부 작가 되기

② 음악 톡(talk)! 즐거운 溫(on)테크 생활(LIFE)로 미래 인재 기르기

**교육자료전**

① 생각이 번뜩이는 I.D.E.A! 예감 온(on) 놀이터

② S.S.E.N. 온(溫)라인 체육 프로그램으로 체력 기르기

# 이론적 배경 및 선행연구 분석

 전국 1등급 입상작을 살펴보면 '이론적 배경 및 선행연구 분석'이 꼭 포함되어 있더라고요. 그런데 입상작들의 내용을 읽어보면, 이 부분은 대체로 비슷한 내용으로, 형식적으로 작성된 경우가 많았습니다. 다른 연구 보고서와의 차별화를 위해 이 부분을 생략하고 실제 활동 내용을 더 작성해도 괜찮을까요?

 이론적 배경 및 선행연구 분석
## 01 이론적 배경이란?

이론적 배경은 연구 프로그램을 뒷받침하는 학술적, 정책적 근거입니다. 또한 연구의 뼈대 역할을 담당하며 연구의 방향성과 타당성을 제시합니다. 앞서 연구 주제를 설정할 때 활용했던 '중심 이론'이 바로 '이론적 배경'이 됩니다. 활용 가능한 근거 자료로는 국가 수준 교육과정과 피아제, 브루너와 같은 유명 교육학자의 이론이 있습니다.

만약 이론적 배경(중심 이론)으로 학자의 이론을 활용하려 한다면 신생 이론보다는 어느 정도 검증된 이론을 활용하는 것을 추천합니다. 유명 학자의 이론은 오랜 시간 동안 다양한 연구와 실천을 통해 검증됐습니다. 그래서 이를 연구의 중심 이론으로 활용할 경우 일관성과 안정성을 확보할 수 있습니다. 만약 연구에 적합한 이론을 찾기 어렵다면 '국가 수준 교육과정(인성교육 실천사례 연구발표대회의 경우 제2차 인성교육 종합계획)'을 활용하면 됩니다.

## 02 이론적 배경 작성법

　이론적 배경을 작성할 때는 두 가지 요소를 고려합니다. 첫째, 국가 수준 교육과정입니다. 국가 수준 교육과정은 나라가 공인한 교육 연구의 이론적 근거입니다. 우리는 교육과정에 근거하여 교육 활동을 진행하고 있습니다. 그러므로 이론적 배경을 작성할 때는 연구와 관련 있는 국가 수준 교육과정 내용을 꼭 작성합니다. 만약 국가 수준 교육과정 외에 중심 이론이 있다면 연구와 관련 있는 중심 이론에 대한 설명을 추가합니다. 둘째, 시사점이나 교육적 효과를 작성합니다. 이론적 배경을 통해 제시된 교육과정이나 중심 이론이 해당 연구에서 어떤 의미가 있는지, 그리고 이를 통해 기대할 수 있는 교육적 효과가 무엇인지 구체적으로 설명합니다. 예를 들어, 연구 주제가 학생들의 문제 해결 역량 향상이라면, 관련 교육과정과 중심 이론이 문제 해결 역량 향상에 도움이 된다는 것을 논리적으로 연결합니다.

### ■ 이론적 배경 서술 방식

> 이론적 배경을 분석해보니 ~한 시사점이 있었다.
> 그래서 이러한 점들을 고려하여 본 연구 프로그램에서 ~한 시사점을 적용하였다.

　이론적 배경을 작성한다고 해서 거창하게 작성할 필요는 없습니다. 심사위원들이 직관적으로 이해할 수 있는 내용으로서 연구와 직접적으로 관련 있는 핵심 사항들을 정리하면 됩니다. 이때 시사점과 연구에 반영할 점은 1대 1 대응이 되도록 작성하는 것이 일반적입니다.

이론적 배경 및 선행연구 분석

## 03 선행연구 분석이란?

선행연구 분석은 연구 프로그램이 만들어지기까지 참고했던 선행연구들을 작성하는 부분입니다. 이 부분은 기존의 연구를 바탕으로 새로운 연구의 필요성을 드러내며, 연구의 차별성을 부각합니다. 만약 이론적 배경을 작성하느라 선행연구 분석을 작성할 공간이 부족하다면 생략은 가능합니다. 하지만 탄탄한 연구의 근본 형성을 위해 가능하다면 A4 ½ 정도의 공간을 확보해서 쓰는 것을 추천합니다.

이론적 배경 및 선행연구 분석

## 04 선행연구 분석 작성법

선행연구 분석을 작성할 때는 연구와 관련 있는 선행연구에 대한 간략한 설명, 시사점, 연구에 반영할 점을 작성하면 됩니다. 이때 이론적 배경과 마찬가지로 시사점과 연구에 반영할 점은 1대 1 대응이 되도록 작성합니다. 더불어 선행연구 분석을 적을 때는 연구자가 진행하는 연구가 선행연구의 업그레이드라는 점을 강조해야 합니다. 이 부분이 없으면 '이미 충분히 연구가 됐는데 왜 굳이 추가 연구하는가?'라는 질문에 직면할 수밖에 없습니다. 내 연구의 당위성을 위해서라도 이 부분은 꼭 필요합니다.

만약 선행연구 분석에 참고한 논문, 연구 보고서를 포함하고 싶다면 두 가지를 유의해야 합니다. 첫째, 논문은 적어도 박사 학위 이상의 논문을 참고해야 합니다. 이는 연구의 공신력을 확보하기 위함입니다. 둘째, 연구의 최신성을 확보하기 위해 연구년을 기준으로 최근 3~5년 이내의 논문, 연구 보고서를 반드시 두세 편 제시해야 합니다.

"이론적 배경 및 선행연구 분석을 반드시 작성해야 하나요?"

이 질문은 강의에서 자주 듣는 내용 중 하나입니다. 결론부터 말하자면, 이론적 배경 및 선행연구 분석은 간략하게라도 작성하는 것이 좋습니다. 그 이유는 이 부분이 연구의 근본을 형성하는 중요한 역할을 하기 때문입니다. 따라서 이론적 배경 및 선행연구 분석을 작성할 때는 단순히 형식적으로 작성하기보다는 연구의 실제 내용과 연관되도록 구체적이고 의미 있게 작성하는 것이 중요합니다.

> **👍 추천** ▶ **이론적 배경 및 선행연구 분석 작성 시 참고할 만한 연구 보고서**
>
> ① F.A.R.M 프로젝트로 미래 핵심 역량을 갖춘 꼬마 농부 작가 되기
> ② 책과 노니는 놀.배.꿈. 독서 여행으로 배움 공동체 연결하기
> ③ 빛깔 가득 프리즘(P.R.I.S.M) 프로젝트로 다채로운 국어과 역량 채우기

## 실태 분석

 저는 연구대회가 처음이라 실태 분석을 위한 설문 조사를 언제, 어떻게 해야 할지 모르겠어요. 전국 1등급 입상작을 보면 화려한 도표를 사용하던데 이런 자료는 어디서 구할 수 있을까요? 그리고 학부모를 대상으로 꼭 실태 분석을 해야 하는지도 궁금해요!

실태 분석
## 01 실태 분석이란?

실태 분석은 연구 대상의 현 상황을 파악하고 그에 따른 세부 연구 방향을 작성하는 부분입니다. 말이 어렵죠? 실태 분석은 요리사가 손님이 어떤 요리를 좋아하는지, 어떤 재료에 알레르기가 있는지 미리 확인하는 작업과 비슷합니다. 요리사가 손님의 취향을 파악하듯, 실태 분석에서는 학생들의 현재 상태를 객관적으로 파악할 수 있는 다양한 자료와 데이터를 수집·분석하는 과정을 거칩니다. 한마디로 실태 분석은 학생의 상태에 맞는 맞춤형 교육 프로그램 제작을 위한 사전 작업이라고 말할 수 있습니다.

내가 아무리 좋은 연구 주제를 설정하고, 좋은 연구 프로그램을 적용한다고 해도 이것이 학생들에게 도움이 되지 않는다면 해당 연구는 아무런 쓸모가 없습니다. 수요 없는 공급인 셈이죠. 실태 분석이 어렵다면 아래의 질문에 대한 답을 생각해보세요.

■ 실태 분석을 할 때 생각해볼 질문들

- 학생들의 현재 상황을 이해하는 데 필요한 정보는 무엇인가?
- 학생들이 직면한 어려움이나 부족한 점은 무엇인가?
- 학생들의 어려움, 부족한 점을 해결하기 위해 어떤 교육적 지원이 필요할까?
- 학생들이 목표를 달성하거나 성장하기 위해 필요한 구체적인 자원이나 환경은 무엇인가?

　그렇다면 실태 분석을 위한 설문은 언제 진행하면 좋을까요? 설문은 사전, 사후 설문으로 진행됩니다. 사전 설문은 대체로 3월 2~3주에, 사후 설문은 연구 보고서 제출 3~4주 전에 실시합니다. 한 가지 주의할 점은 사전 설문에 따른 실태 분석 결과에, 학생들이 처해 있는 문제가 확인되어 있어야 한다는 것입니다. 학생들이 처해 있는 문제점이 확인되지 않았다면 연구를 진행할 명분이 없기 때문입니다.

실태 분석
## 02 실태 분석의 구분

　실태 분석은 크게 두 가지 분류 기준으로 나눠볼 수 있습니다. 첫 번째 분류 기준은 '분석 대상'입니다. 실태 분석은 크게 학생 실태 분석과 학부모 실태 분석으로 구분됩니다. 연구 대상인 학생 실태 분석은 당연히 해야 합니다. 하지만 학부모 실태 분석은 어떨까요? 꼭 해야 할까요? 결론부터 이야기하면 아닙니다. 우리가 진행하는 연구에 있어 학부모는 연구 대상이 아닙니다. 학생들의 상태를 알기 위한 보조적인 확인 대상일 뿐입니다. 다만, 해마다 연구 경향에 따라 학부모 실태 분석을 포함하기도 하고, 포함하지 않기도 합니다. 전년도 전국 1등급 입상작을 분석했을 때 대부분 학부모 실태 분석을 했다면, 그리고 연구 대상인 학생에 관한 보다 심층적인 이해가 필요하다면 해도 상관없습니다. 하지만 부담스러움을 감내하면서까지 '굳이' 할 필요는 없습니다. 만약 학부모 실태 분석을 해야 하는 연구라면 분석하는 학부모의 수는 학생의 수와 동일하게 맞추면 됩니다.

두 번째 분류 기준은 '설문 방법'입니다. 실태 분석은 설문 방법에 따라 양적 방법과 질적 방법으로 구분됩니다. 양적 방법은 설문지, 체크리스트 등을 활용해 수치화된 데이터를 수집·분석하는 방법입니다. 반면 질적 방법은 인터뷰, 교사 관찰, 심층 면담 등을 통해 학생들의 개별적인 경험이나 감정을 깊이 이해하는 방식입니다. 연구대회에서는 양적 방법과 질적 방법을 모두 사용하는 편입니다.

대회별로 사용하는 설문 방법을 살펴볼까요?◼️QR 인성교육 실천사례 연구발표대회에서는 한국교육개발원에서 만든 KEDI 인성검사(초등학교 5학년부터 고등학생까지 사용할 수 있는 인성 평가 도구로 자기 존중, 성실, 배려, 소통 등 10개의 인성 덕목을 측정)를 거의 고정적으로 활용합니다. 수업혁신사례 연구대회나 교육자료전에서는 교사가 연구를 위해 직접 제작한 설문지나 박사 학위 이상의 논문에서 발췌한 설문지를 수정·활용하는 편입니다. 최근 연구 경향은 수업혁신사례 연구대회, 교육자료전에서도 인성교육 실천사례 연구발표대회처럼 KEDI 학생역량 조사를 연구 주제에 맞게 수정·보완하여 많이 활용하는 편입니다. 연구에 활용할 만한 검사지를 찾기 어렵다면 전국 1등급 입상작에서 활용한 설문지를 본인 연구에 맞게 재구성하여 활용하는 것도 방법입니다.

"전국 1등급 입상작을 살펴보면 실태 분석에 T-검정을 활용한 사례가 있는데
전 이 방법을 잘 몰라요. 이런 방법을 안 쓰면 입상을 못 하나요?"

결론부터 말하자면 '아니요'입니다. T-검정은 두 집단 간의 평균 차이를 확인하는 데 쓰는 검사 도구로 학생들의 학업 성취도, 만족도 등을 확인할 때 주로 사용합니다. 주로 논문을 써본 경험이 있는 선생님들이 T-검정을 많이 활용합니다. 연구 보고서가 논문에서 파생된 양식이기 때문에 T-검정을 활용해도 좋습니다. T-검정을 활용하면 보통의 검사보다 훨씬 전문적인 결괏값을 얻을 수 있을 겁니다. 하지만 T-검정을 활용하지 않았다고 연구대회에 입상하지 못하는 것은 아닙니다. 연구에 필요한 데이터를 얻을 수 있다면, 공신력과 전문성을 갖추고 있는 검사 도구라면 어떤 것이든 활용할 수 있습니다. 그러니 복잡한 검사 방법에 너무 연연하지 마시길 바랍니다.

실태 분석을 작성할 때는 ① 실태 분석 내용 및 방법, ② 실태 분석 결과 및 시사점, ③ 학생 지도 계획을 작성하면 됩니다. 각각의 작성 방법을 살펴볼까요? (①, ②, ③ 명칭은 연구에 따라 다소 달라질 수 있습니다.)

## ① 실태 분석 내용 및 방법

| 구분 | 조사 내용 | 방법 | 시기 | 대상 |
|---|---|---|---|---|
| 학생 | ▸ 건강 영역 흥미도<br>▸ PAPS 종합 등급 평균<br>▸ 온라인 건강 영역 수업 곤란도 | 설문, 면담<br>(네이버 폼, 전화 활용) | 2020. 4. | 3~6학년<br>학생 56명<br>(다문화 5명) |
| 교사 | ▸ 온라인 건강 영역 수업 운영 곤란도<br>▸ 온라인 건강 영역 교수·학습 자료 활용<br>▸ 자료 개발에 대한 현장 요구 사항 | 설문, 면담<br>(네이버 폼 활용) | 2020. 3. | 3~6학년 담임 및<br>체육과 전담교사 20명 |

실태 분석 내용 및 방법을 작성할 때는 설문/검사 방법(양적/질적 방법), 설문 시기, 검사 도구, 검사 인원, 결과 분석 방법을 작성합니다. 실태 분석을 할 때는 양적, 질적 방법을 가급적 모두 활용하는 것이 좋습니다. 설문 시기는 설문을 실시한 시점을 설문 시기는 '2025. 3.', '2025 3월 2주', '2025. 3. 4.'와 같이 표기하면 됩니다. 설문 대상은 설문에 참여한 대상과 수를 구체적으로 작성하면 됩니다.

한 가지 주의할 점은 실태 분석 및 방법을 생략해서는 안 된다는 점입니다. 간혹 시사점, 지도계획 작성 분량을 늘린다는 이유로 실태 분석 내용 및 방법을 생략하는 경우가 있는데 절대 그래서는 안 됩니다. 연구자는 본인이 어떤 방식으로 실태 조사를 했는지 압니다. 하지만 연구 보고서를 읽는 독자는 그렇지 않습니다. 실태 조사를 언제, 어디서, 무엇을, 어떻게 했는지를 설명하는 것이 실태 분석 내용 및 방법입니다.

## ② 실태 분석 결과 및 시사점

실태 분석 결과 및 시사점을 작성할 때의 원칙은 '실태 분석 결과와 연구의 방향 사이의 인과 관계가 명료해야 한다'입니다.

예를 들어볼까요? 사전 설문에서 학생들의 해결문제 발견 능력은 3.9입니다. 반면 학생들의 문제해결 및 적용 능력은 3.3입니다. 이 자체는 사전 설문 데이터값을 그대로 읽은 실태 분석 결과입니다. 이 데이터를 통해 알 수 있는 것이 무엇일까요? 학생들이 해결해야 할 문제는 잘 찾지만 문제를 해결하는 능력은 부족하기에 학생들의 문제해결력을 강화하는 방안이 필요함을 말합니다. 이것이 바로 시사점입니다. 실태 분석 결과 및 시사점을 작성할 때는 연구에 필요한 데이터만 해석하면 됩니다. 또한 데이터를 단순하게 읽어주기보다는 해당 데이터가 연구에서 어떤 의미를 가지는지 설명합니다. 이는 양적 방법, 질적 방법 모두 해당하는 서술 방법입니다.

■ 실태 분석 결과 및 시사점 작성 요령(예시)

~한 결과가 나왔다(실태 분석 결과)
→ ~ 결과는 학생들에게 ~가 필요함을 말한다(시사점)

실태 분석 결과를 작성할 때 학생의 언어를 분석 결과에 반영하는 것 또한 좋은 서술 방법이 될 수 있습니다. 인터뷰, 면담, 질문지(서술형) 등을 진행하면 학생들이 겪는 어려움과 요구 사항을 실제적으로 파악할 수 있습니다.

워드 클라우드 예시

만약 학생 의견을 실태 분석 작성에 활용하고 싶다면 학생이 직접 작성한 글이나 워드 클라우드를 활용하는 것을 추천합니다. 학생이 직접 작성한 글을 첨부하면 실태 분석에 생동감과 설득력을 더할 수 있습니다. 만약 학생이 직접 작성한 글을 첨부하고 싶다면 학생이 쓴 글씨 위에 네임펜으로 덧칠하는 것이 좋습니다. 연구 보고서를 인쇄했을 때 연필 글씨보다 네임펜 글씨가 훨씬 선명하게 보이기 때문입니다. 워드 클라우드도 마찬가지입니다. 워드 클라우드는 학생들의 응답에서 자주 언급된 단어나 키워드를 시각적으로 표현한 자료입니다. 워드 클라우드를 통해 학생들의 주요 관심사와 어려움을 한눈에 파악할 수 있으며, 분석 결과를 간결하고 명확하게 전달할 수 있습니다. 두 가지 방법은 실태 분석에서뿐만 아니라 연구 결과 분석에서도 활용할 수 있습니다.

### ③ 학생 지도 계획

학생 지도 계획은 실태 분석 결과 및 시사점을 바탕으로 연구 프로그램에서 학생들을 어떻게 지도할 것인지, 어떤 연구 프로그램을 구안 적용할 것인지를 작성합니다. 이때 너무 많이 적을 필요는 없습니다. 시사점과 함께 작성해도 되고, 코너를 따로 구성하여 작성해도 괜찮습니다. 연구 보고서 작성 분량이나 연구 내용을 고려해 결정하면 됩니다. 만약 코너를 따로 구성하여 작성한다면 연구의 방향을 고려하여 간략하게 작성하면 됩니다.

■ 학생 지도 계획 작성 요령(예시)

~한 학생들의 문제를 개선하기 위해 ~한 연구 프로그램/활동을 구안·적용한다.

실태 분석
## 실태 분석 데이터 편집

"도비쌤, 그래프는 어떻게 만드시죠?"

연구대회에 참가하는 선생님들이 몹시 궁금해하는 질문입니다. 저는 주로 파워포인트로 만들어 사용하는 편입니다. 인터넷에서 다양한 그래프 모양을 찾아보고, 실태 분석 결과를 잘 표현할 수 있는 도표 모양을 파워포인트로 제작합니다. 하지만 파워포인트를 잘 다루지 못하는 사람 입장에서는 이 말이 그다지 쓸모가 없습니다. 그래서 초보자도 손쉽게 그래프를 만들 수 있는 사이트 세 개를 추천합니다.

그래프 작성 참고자료 (1) - 조땡 템플릿
출처 : pptbizcam.co.kr

'조땡 템플릿'은 연구대회에 참가하는 선생님들이 많이 활용하는 사이트 중 하나로 다양한 유형의 그래프와 도표 템플릿을 제공합니다. 또, 아이콘, 인포그래픽 등 디자인 요소를 활용하면 보고서 디자인에도 큰 도움이 됩니다.

그래프 작성 참고자료 (2) - 캔바
출처 : canva.com

'캔바'에서는 위 그림에서와 같이 [요소]-[차트]를 클릭하여 막대 차트, 점선 차트, 원형 차트 등 다양한 차트 양식을 확인할 수 있습니다. 설문 데이터값을 입력하면 별도 편집 없이 연구자가 원하는 모양으로 제작해줍니다.

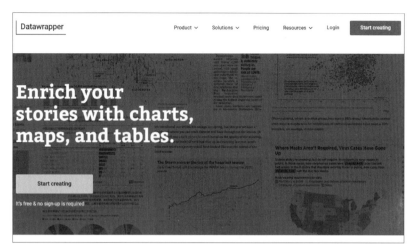

그래프 작성 참고자료 (3) - Datawrapper
출처 : datawrapper.de

'Datawrapper'는 데이터를 입력하면 막대 차트, 원형 차트 등 다양한 유형의 시각화를 자동으로 생성해주는 도구입니다. 차트 양식을 선택하고 간단히 데이터를 추가하면 추가적인 편집 없이도 깔끔한 그래프를 얻을 수 있어 편리합니다.

실태 분석
## 05 기타 실태 분석 방법

연구자들이 설문지, 관찰 평가, 면담 외에 실태 분석 시 자주 사용하는 방법 두 가지를 더 알아보겠습니다. 두 방법은 연구 보고서에서 참고 사항일 뿐 필수적으로 활용할 필요는 없습니다. 본인 연구에 필요하다면 아래 내용을 참고하여 작성하되, 그렇지 않다면 방법을 알아두는 정도로도 충분합니다.

## ① SWOT 분석

| | 강점(S) | 약점(W) |
|---|---|---|
| 기회(O) | **SO 전략**: 연구 교육환경의 긍정적인 요소를 통해 학생의 강점을 발휘할 방법 제시 | **WO 전략**: 연구 교육환경의 긍정적인 요소를 통해 학생의 약점을 보완할 방법 제시 |
| 위협(T) | **ST 전략**: 학생의 강점을 활용해 연구 교육환경의 부정적 요소를 축소, 제거하는 방법 제시 | **WT 전략**: 연구 교육환경의 부정적인 요소를 축소, 제거하면서 학생들의 약점을 보완할 방법 제시 |

SWOT 분석은 연구 시작 전 실태 조사에서 가장 많이 사용되는 실태 분석 방식으로, 연구 프로그램의 운영 시 활용 가능한 교육 여건을 분석하고 그에 대한 대응책을 제시하는 체계적인 방법입니다. 이 분석 방식은 내부 환경과 외부 환경을 고려하여 강점 Strength, 약점 Weakness, 기회 Opportunity, 위협 Threat으로 구성됩니다.

내부 환경 분석은 주로 학생 실태를 중심으로 이루어지며, 학생들의 강점과 약점을 파악하여 연구 방향성을 설정하는 데 도움을 줍니다. 강점 요소 Strength는 학생들의 학습 동기, 창의력, 또는 긍정적인 행동 특성을 포함하며, 약점 요소 Weakness는 학습 결손, 정서적 문제 등 연구에서 극복해야 할 과제들을 다룹니다.

외부 환경 분석은 연구와 관련된 교육환경을 다룹니다. 이 과정에서 학교와 가정환경 등 긍정적인 기회를 탐색(기회 Opportunity)하는 한편, 연구를 저해할 수 있는 위협 요인 Threat을 파악합니다. 예를 들어, 학교 내 지원 체계는 기회 요소로 작용할 수 있으며, 반대로 가정의 불안정한 환경은 위협 요인이 될 수 있습니다.

■ **SWOT 분석 작성**(예시)

① **강점**Strength
— 에너지가 넘치고, 쉽게 동기 부여가 잘 됨.
— 발표력이 왕성하고 자기표현을 즐김.

② **약점**Weakness
— 짧은 주의 집중과 산만함.
— 글밥이 적은 그림책 위주의 책만 선호함.

③ 기회Opportunity
　— 학부모 대부분이 독서 교육에 관심이 많음.
　— 도서관이 활성화되어 있고 교실 지원이 잘 됨.

④ 위협Threat
　— 대부분 저학년 독서 수준에 머물러 있음.
　— 2020년 코로나 상황으로 기본학습 훈련 및 생활 지도 측면에서 어려움이 많음.

SWOT 분석은 분석 결과를 반드시 연구 프로그램에 반영하여 실행 계획을 수립해야 그 효과를 극대화할 수 있습니다. 이를 통해 연구자는 학생 실태와 교육환경에 대한 다각적인 접근이 가능하며, 연구의 구체적 상황을 심사위원에게 명료하게 설명할 수 있습니다. 결과적으로, SWOT 분석은 연구의 방향성을 명확히 설정하고 실질적인 대응 방안을 마련하는 데 매우 유용한 도구로 활용됩니다.

■ SO 전략, WO 전략, ST전략, WT 전략 작성(예시)

① SO 전략(강점-기회 전략)
　— 도서관 활용 수업, 학생의 강점인 적극성을 발휘할 활발한 독서 활동 개발

② WO 전략(약점-기회 전략)
　— 가정 연계를 통해 독서 습관을 극대화하는 방안을 마련하고 교육과정 재구성, 아이디어를 공유하여 프로그램 개발

③ ST 전략(강점-위협 전략)
　— 수준에 맞는 꾸준한 일상 독서로 독서에 흥미를 높이고, 표현하고 소통하는 즐거운 독서 프로그램 개발

④ WT 전략(약점-위협 전략)
　— 집중력 향상을 위한 기본학습 훈련을 꾸준히 실천하고, 학년 수준에 맞는 읽기, 쓰기 능력을 향상하는 독서 활동 전개

## ② GROW 분석

GROW 분석은 목표를 이루기 위해 GROW 질문 기법을 통해 구체적인 실행 계획을 수립하는 방식입니다. 실태 분석에 이 방법을 사용하면 질문을 중심으로 목표 달성

을 위한 과정을 체계적으로 구안할 수 있습니다. 비록 연구 보고서 내에서 사용 빈도가 높지는 않지만, GROW 분석은 목표를 실현하는 데 있어 매우 유용한 도구입니다. GROW 분석은 네 가지 단계로 구성됩니다.

⑦ **목표 설정**Goal : 이루고자 하는 구체적인 목표를 설정합니다. "이루고 싶은 목표는 어떤 것인가요?"라는 질문을 통해 개인 또는 팀이 집중해야 할 방향을 명확히 합니다.

⑭ **실태**Reality : 현재의 여건과 장애물을 분석해 현실적인 상황을 이해합니다. "현실적인 여건이나 장애물이 있다면 무엇인가요?"라는 질문을 통해 현재 상태와 문제점을 파악합니다.

⑮ **대안**Options : 장애물을 극복하고 목표를 이루기 위한 다양한 대안을 모색합니다. "현실적인 어려움을 이겨내고 목표를 이룰 방법은 무엇인가요?"라는 질문으로 창의적이고 실현 가능한 방안을 탐색합니다.

⑯ **계획 실행**Will : 선택한 대안을 실행하기 위한 구체적인 계획을 수립하고 실행 의지를 확인합니다. "대안을 실행하고 확인할 방법은 무엇인가요?"라는 질문을 통해 행동 계획을 확정합니다.

■ **GROW 분석 작성**(예시)

> ① Goal(목표 설정)
> ― 메타인지 전략 활용을 통한 기초학력 강화 및 수학교과 역량 신장
>
> ② Reality(실태)
> ― 온오프라인 수업 병행
> ― 학력 격차 심화
> ― 자기주도적 학습 능력 필요
>
> ③ Option(대안)
> ― 메타인지 수학 프로그램을 활용한 온라인 수업 준비 및 개별 맞춤형 피드백
>
> ④ Will(계획 실행)
> ― 수업 환경 조성 및 메타인지 수학 프로그램 개발·적용

GROW 분석은 목표를 실현하는 데 필요한 대화와 질문의 요령을 구체화하여 목표 설정부터 실행까지의 과정을 체계적으로 안내합니다. 이를 통해 개인과 팀은 현실적인 한계를 극복하고 목표를 달성하기 위한 실질적인 실행 방안을 마련할 수 있습니다.

👍 추천 ▶ **실태 분석 작성 시 참고할 만한 연구 보고서**

**인성교육 실천사례 연구발표대회**
① 꿀잼!!(HONEY-JAM) 생.동.감. 넘치는 과학탐험기
② DIVE IN 탐구 수업으로 미래를 주도하는 DEEP 시민역량 기르기
③ W.H.Y 트레이닝으로 C.O.R.E 역량을 갖춘 미래 세계 민주시민 기르기

# 연구 설계 및 실천과제 선정

 저는 연구 주제 설정, 이론적 배경과 실태 분석까지 진행했지만, 이 세 가지를 어떻게 유기적으로 연결해야 남들과 차별화된 연구로 발전시킬 수 있을지 고민이에요. 또, 연구 초보자가 독창적인 연구 프로그램을 설계하려면 어떤 접근이 필요할지 막막합니다. 기존 입상작을 보면 참신한 아이디어와 구체적인 사례가 많던데 이런 사례를 어떻게 찾아서 제 연구에 접목할 수 있을지도 궁금해요!

 연구 설계 및 실천과제 선정
## 01 연구 설계란?

연구 설계란, 연구의 목적을 달성하기 위해 필요한 과정과 방법을 체계적으로 계획하고 조직하는 것을 의미합니다. 그래서 저는 연구 설계를 종종 요리에 비유합니다. 연구 주제 설정, 이론적 배경 분석, 실태 분석을 요리의 자료 준비 과정으로 볼 수 있습니다. 여기서 중요한 것은 각각의 요리 재료가 신선하고, 목적에 맞게 준비되었는가를 점검하는 것입니다. 하지만 여기서 멈추면 재료만 준비된 상태에 머물게 됩니다. 재료를 활용해 어떻게 요리를 할 것인가 구상하는 것이 바로 연구 설계입니다.

똑같은 재료를 가지고도 초보 요리사가 만든 요리와 고든 램지 같은 일류 요리사가 만든 요리의 맛은 하늘과 땅 차이일 겁니다. 연구 설계도 마찬가지입니다. 주제와 실태 분석 사이의 연관성을 섬세하게 엮어내야 '일류 요리사'의 요리처럼 완성도 높은 연구가 탄생합니다. 연구대회에서 등급을 가르는 한 끗의 차이는 여기서 발생합니다.

중요한 것은 '내 연구만의 맛'을 만들어내는 것입니다. 기존 연구와 차별화되는 지점이 무엇인지, 그리고 현장에서 실질적인 변화를 끌어낼 수 있는 방법을 고민하며 설계한다면, 초보 요리사가 아닌 '일류 요리사'의 손길이 담긴 연구로 완성될 겁니다.

연구 설계 및 실천과제 선정
## 02 연구 설계 작성법

연구의 설계는 연구 대상, 연구 기간, 연구 절차를 개괄적으로 설명하는 부분입니다. 연구의 설계를 작성하면 독자가 직관적으로 연구 과정을 파악할 수 있다는 장점이 있습니다. 다만, 최근 연구 보고서 분량이 줄어들면서 연구의 설계를 생략하거나 실태 분석과 연결하여 작성하기도 합니다. 연구자의 연구 내용에 따라, 직전 입상작 트렌드에 따라 작성 여부를 결정하는 것이 좋습니다.

연구의 설계는 크게 연구 대상 및 기간, 연구 대상, 연구 절차 및 추진 일정으로 구성됩니다. 연구 대상 및 기간을 작성할 때는 연구자나 학생의 이름, 소속 학교 등 연구자의 신상이 드러나지 않도록 작성해야 합니다. 이를 위반할 시 감점 내지 탈락할 수 있습니다.

연구 대상을 작성할 때는 보통 '○○초등학교 ○학년 ○반(남 ○명, 여 ○명)' 양식을 활용합니다. 연구 절차 및 추진 일정은 다음 표처럼 제시하는 경우가 많습니다. 최근에는 연구 보고서 분량이 줄어 연구 절차 및 추진 일정을 다음 표처럼 작성하지 않고 연구 프로그램이 어떤 절차로 이루어지는지 도식화해 표현하거나 생략하기도 합니다[참고 : 관계 FOCUS 프로젝트로 도덕적 역량을 갖춘 미래 시민 기르기(2024년 수업혁신사례 연구대회 도덕과 전국 1등급)].

## 1 연구의 설계

가. **적용 대상**: ●●초등학교 ●학년 ●반 ●●명(남 ●●명, 여 ●●명)
나. **기간 및 장소**: 2025. 3. ~ 2025. 2. ●학년 ●반 교실 및 도서관
다. **프로그램 연간 운영 계획**

| 단계별 실천 방법 단계 및 내용 | | | 실천 기간 | | | | | | | | | |
|---|---|---|---|---|---|---|---|---|---|---|---|---|
| | | | 3 | 4 | 5 | 6 | 7 | 8 | 9 | 10 | 11 | 12 | 1 |
| 계획 준비 | 운영 계획 수립 | ·문헌 연구 및 선행 연구 분석 | ● | ● | | | | | | | | | |
| | | ·연구 주제 및 세부실천계획 수립 | | ● | ● | | | | | | | | |
| 실천 적용 | 실천 과제 1,2,3 | ·( )을 위한 교육환경 조성 | ● | ● | ● | | | | | | | | |
| | | ·( ) 프로그램 구안 및 적용 | | ● | ● | ● | ● | ● | ● | ● | ● | ● | ● |
| | | ·( ) 프로그램의 일반화 | | ● | ● | ● | ● | ● | ● | ● | ● | ● | ● |
| 결과 분석 | 결과 분석 검증 | ·결과 자료 정리 | | | | | ● | ● | | | | | |
| | | ·결과 평가 및 검증 | | | | | | ● | | | | | |
| 보고 단계 | 보고서 작성 | ·보고서 작성 | | | | | | ● | | | | | |

연구의 설계 예시

연구 설계 및 실천과제 선정
03
## 실천과제 선정이란?

실천과제는 연구 계획을 바탕으로 구안된 연구 프로그램을 학생들에게 적용해 학습 목표를 달성하고, 연구의 실효성을 검증하는 활동입니다. 쉽게 말해, 실천과제는 연구 프로그램을 구안, 적용한 결과를 설명하는 부분입니다. 실천과제 구성 방법은 연구자의 성향과 연구 내용에 따라 변동되지만 저는 크게 기본형과 프로그램 중심형으로 구분하는 편입니다.

기본형은 [실천과제 1] 교육 여건 조성, [실천과제 2] 프로그램 구안 및 적용, [실천과제 3] 프로그램 일반화로 구성됩니다. 교육여건 조성이 필요한 에듀테크 적용과 일반화를 강조하는 수업혁신사례 연구대회에서 많이 보이는 형식입니다. 프로그램 중심형은 교육 여건 조성, 일반화 전략이 무난할 경우 간략하게 서술하거나 생략하는 형태를 취합니다. 대신 말 그대로 학생 활동 프로그램이 중심이 되는 형식입니다. 프로그램 중심

형에서 실천과제는 대체로 3~4개로 구성되며 세부 활동 프로그램은 실천과제별로 3~4개씩, 총 12개의 프로그램으로 이루어져 있습니다. 이 방식은 주로 인성교육 실천사례 연구발표대회 연구 보고서에서 많이 보이는 형식입니다.

두 가지 방법 중 어느 한쪽이 더 좋거나, 나쁜 건 아닙니다. 연구 보고서는 논문에 비해 형식이 자유로워서 연구자의 필요에 따라 서술 방법을 선택하면 됩니다. 실제로 전국 1등급 입상작에서도 서술 방법은 연구자의 작성 방식, 연구 내용에 따라 달라집니다. 본인 연구에 가장 적합한 서술 방법을 선택하면 됩니다. 여기서 저는 기본형을 중심으로 실천과제 서술법을 설명하겠습니다.

**실천과제 작성 방식별 참고 연구 보고서**

> **① 기본형**
> — AI 기반 생각대로 THINK STAR로 수학의 길은 탄탄대로 MATH
>  (2024 수업혁신사례 연구대회 수학과 전국 1등급)
> — PRX3 통계 활용 V-I-E-W 프로젝트로 핵심역량 기르기
>  (2024 수업혁신사례 연구대회 수학과 전국 1등급)
>
> **② 프로그램 중심형**
> — 多-가치-ECHO 프로젝트로 평화로운 화.담.숲 교실 만들기
>  (2024 인성교육 실천사례 연구발표대회 전국 1등급)
> — 그림책 레시피(RE-CIPE)로 마음의 힘 키워 햇살(S.U.N) 같은 아이로 성장하기
>  (2024 인성교육 실천사례 연구발표대회 전국 1등급)

연구 설계 및 실천과제 선정
## 04 실천과제 선정 작성법

### [실천과제 ①] 교육 여건 조성

교육 여건 조성을 작성할 때는 연구자의 연구 운영에 필요한 다양한 방법을 제시하면 됩니다. 가장 많이 작성하는 것은 물리적 환경 조성(예) 교실환경: 놀이공간, 도서 구비 등),

인적 환경(예 학부모 상담, 교사 연수 등), 에듀테크 시스템 조성(예 활용 플랫폼 제시), 학생 기초·기본 학습 훈련, 피드백 시스템 조성입니다. 프로그램 기반 조성을 작성할 때는 무작정 사례를 많이 제시하는 것은 좋지 않습니다. 조성한 교육환경이나 활용한 에듀테크 등이 연구에 어떤 연관이 있으며, 실질적으로 어떤 도움이 됐는지를 명확하게 밝혀야 합니다. 만약 프로그램 기반 조성이 기존 연구와 차별화되는 지점이 부족하다면 이 부분의 작성 분량을 줄이고, 실천과제 작성에 힘을 주는 것이 낫습니다.

최근 교육 트렌드의 핵심이 '에듀테크'와 '인공지능AI'이기 때문에 연구에서 이 부분을 강조할 수 있다면 좋습니다. 더불어 '피드백' 역시 매우 중요합니다. 예를 들어 특정 에듀테크 기법을 활용했을 때 학생들의 반응과 이에 따른 피드백을 어떻게 제시했는지를 설명할 수 있어야 합니다. 개별화 교육이 강조되는 만큼 연구에서 개별 학생에게 어떤 맞춤형 프로그램(피드백을 포함한)을 제시하고, 운영했는지 설명하는 것이 좋습니다.

## [실천과제 ②] 연구 프로그램 구안 및 적용

연구 프로그램 구안 및 적용은 쉽게 말해 내가 어떤 연구 프로그램을 만들었고, 이를 현장에서 어떻게 적용했는지를 쓰는 부분입니다. 연구 프로그램 구안 및 적용에는 크게 세 가지가 들어갑니다.

첫째, 연구 프로그램 구안·적용 도표입니다. 연구 프로그램 구안·적용 도표는 연구자가 어떤 연구 프로그램을 만들었는지, 이를 현장에서 어떻게 적용했는지를 개괄적으로 제시하는 도표입니다. 연구자에 따라 연구 과제의 설정, 실천과제의 설정, 연구 로드맵 등 다양한 표현을 사용합니다.

연구 프로그램 구안·적용 도표는 연구 전체를 한눈에 조망하는 기능을 하므로 보고서 내에서 매우 중요합니다. 그래서 대체로 세부 활동 프로그램 서술 전에 제시하는 편입니다. 위의 도식은 연구 프로그램 구안·적용 도표의 기본 형식입니다. 연구 내용에 따라 차이가 있지만 교육 여건 조성의 경우 대체로 교육 여건 조성의 내용을 요약해서 작성합니다. 연구 프로그램 활동 단계는 연구 프로그램에서 사용하는 활동 단계/학습 전략을 도식화하여 작성합니다.

■ 연구 프로그램 구안·적용 도표(구성)

| 연구 목표 |
| --- |

⬆

| 연구 프로그램을 통한 역량 향상 |
| --- |

⬆

| 연구 프로그램별 활동 내용 |
| --- |

⬆

| 연구 프로그램 활동 단계 |
| --- |

⬆

| 교육 여건 조성(실천과제 1 내용) |
| --- |

　연구 프로그램별 활동 내용은 연구자가 실제적으로 실행한 연구 프로그램에 대한 설명을 간략하게 제시합니다. 연구 프로그램을 통한 역량 향상은 연구 프로그램을 통해 향상하고자 하는 역량을 작성하면 됩니다. 마지막으로 연구 목표에는 연구 주제를 작성합니다. 여기서 주의할 점은 연구 주제는 가급적 도표 맨 위에 위치해야 한다는 점입니다. 이는 연구 프로그램 구안·적용 도표의 구조 때문입니다. 연구 기반부터 차근차근 쌓아 활동을 전개하고, 그에 따라 역량을 강화하며 목표를 달성하는 구조가 바로 연구 프로그램 구안·적용 도표입니다. 도표의 양식은 연구자의 작성 방식에 따라 바뀔 수 있으나, 기본 구조에 대한 이해는 꼭 필요합니다. 다양한 연구 보고서를 참고하여 나의 연구 내용에 적합한 도표를 만드는 것이 중요합니다. 또한 도표 내에서 사용하는 표현은 간결하고 명료하게 작성해야 합니다. 심사위원의 연구 내용에 대한 이해도를 높이고, 연구 해석에 대한 피로도는 줄여 주는 것이 연구 프로그램 구안·적용 도표의 핵심 기능입니다.

　기본적인 도표 작성 규칙을 준수하되, 다양한 연구 보고서를 참고하여 나의 연구 내용에 적합한 도표를 만드는 것이 중요합니다. 연구대회에서 심사위원들은 검토해야 할 연구 보고서가 많습니다. 그래서 하나의 보고서에 많은 에너지를 소모하는 것을 선호하지 않습니다. 그러니 심사위원을 배려하는 차원에서라도 도표를 통해 연구 내용 전반을 이해하기 쉽게 작성하는 것이 필요합니다.

■ 연구 프로그램 구안·적용 도표 참고 연구 보고서

① B.O.O.K.이음 프로젝트로 사회적 감수성 역량 기르기
　(2024 인성교육 실천사례 연구발표대회 전국 1등급)

② AI 디지털 기반 PIXAR 빛그림 공동 교육과정으로 미래 주도 DIRECTOR 역량 기르기
　(2024 수업혁신사례 연구대회 융합/공동 연구 전국 1등급)

둘째, 교육과정 분석 및 재구성표입니다. 교육과정 분석 및 재구성은 연구와 교육과 정이 어떤 접점을 가지는지, 연구 프로그램에서 교육과정이 구체적으로 어떻게 구현되는지를 설명하는 부분입니다. 주로 실천과제별 세부 주제/활동, 관련 성취기준, 교과, 단원, 학습주제, 시기, 적용된 학습전략, 피드백, 관련 역량 서술을 서술하며 1, 2학기를 통합하여 작성합니다. 최근 추세는 연구 보고서 작성 분량이 줄어듦에 따라 1, 2학기 내 용을 하나의 분석표에 작성하거나 생략하는 편입니다. 직전 입상작을 분석하여 트렌드를 따라가되, 연구 보고서 작성 분량이 여유가 있다면 작성하는 것이 좋습니다.

■ 교육과정 분석 및 재구성 참고 연구 보고서

① 多가치- ECHO프로젝트로 평화로운 화.담.숲 교실 만들기
　(2024 인성교육 실천사례 연구발표대회 전국 1등급)

② 행복한(HAPPY) , 꿈(DREAM) 프로젝트를 통해 국어과 역량 성장시키기
　(2024 수업혁신사례 연구대회 국어과 전국 1등급)

셋째, 연구 프로그램 개요입니다. 연구 프로그램 개요는 연구 프로그램의 전체적인 흐름을 개괄적으로 설명하는 연구 프로그램 요약서입니다. 그래서 연구 프로그램 개요에는 연구 프로그램명, 운영 목적, 운영 방향, 관련 교과 차시, 관련 성취기준, 수업 의도,

수업 목표, 관련 교과·역량(인성교육 실천사례 연구발표대회는 덕목이나 가치를 제시), 학습전략, 활동 단계, 활동 단계별 세부 내용, 과정중심 평가 및 피드백이 들어가야 합니다. 최근 교육 트렌드가 AI, 에듀테크, 융합 교육이 대세라 에듀테크 활용 전략을 포함하거나, 융합 교과(교과 연계) 전략을 제시하기도 합니다. 이 밖에도 일반화 가치, 학생의 소감문 등을 함께 작성하기도 합니다.

연구 보고서를 처음 쓰는 선생님들이 자주 하는 실수 중 하나는 연구 프로그램명을 작게 작성하는 것입니다. 연구 내용을 많이 넣고 싶은 마음에 제목의 크기를 줄이는 것 같은데 그러시면 안 됩니다. 제목 크기가 작으면 독자가 연구 프로그램의 핵심을 쉽게 파악하기 어렵습니다. 제목은 연구의 얼굴이므로 크기와 배치를 눈에 띄게 설정해야 합니다. 제목만으로도 연구의 방향을 전달할 수 있도록 간결하고 명확하게 작성하세요. 한 가지 팁을 드리자면, 연구 프로그램명은 (한글 기준) 15pt 정도 크기면 잘 보이는 편입니다.

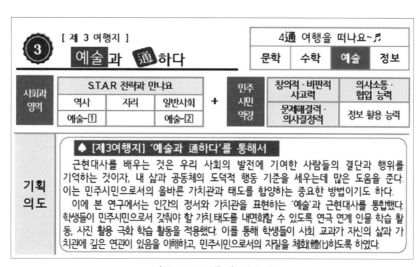

연구 프로그램 개요(예시)

마지막으로 실제 연구 프로그램 운영 사례입니다. 실천과제 선정에서 가장 중요한 부분이 이 부분입니다. 실제 연구 프로그램 운영 사례에서는 운영한 연구 프로그램을 단계별로 자세하게 작성하는 부분입니다. 주요 내용 요소에는 활동 단계, 활동 내용, 활동 사진, 활동별 학습전략, 에듀테크 전략(하이터치, 하이테크라는 용어를 많이 사용합니다), 수업 성찰 및 피드백, 학생 소감이 있습니다.

실제 연구 프로그램 운영 사례를 작성할 때는 아홉 가지 작성 요령이 있습니다. 첫째, **활동 내용을 서술할 때 간결한 문장을 사용**합니다. 중복되는 단어가 없는지 확인하고, 만약 있다면 비슷한 뜻을 가진 단어로 바꿔 줍니다.

둘째, **활동 설명을 길게 하지 않습니다.** 활동 설명은 독자가 직관적으로 이해하기 쉬운 정도로 작성하면 됩니다. 대체로 2~4개 정도 작성하면 됩니다. 둘째, 단계별로 어떤 학습전략을 사용했는지 연구 주제와 관련지어 잘 정리해야 합니다. 다른 연구와 차별화되는 특색 자료나 학습전략을 사용했다면 아이콘을 사용해서 표시해 주는 것도 좋은 방법입니다.

셋째, **나만의 연구 용어가 적용이 되었거나, 혹은 설명이 필요한 활동은 간략하게 설명**하는 것이 좋습니다. '민주 시민 동아리 활동 산출물을 공유하고, 활동을 통해 느낀 점을 CDI 토론으로 이야기 나눈다'라는 문장을 예로 들어 보겠습니다. 독자 중에는 CDI 토론이 무엇인지 모르는 경우도 있습니다. 연구자로서는 다른 연구와 차별화되는 회심의 카드라 생각하고 썼겠지만 독자가 모르니 그 카드의 효과는 꽝입니다. 보고서를 읽는 독자를 배려하여 CDI 토론이 무엇인지 간략하게 설명하는 배려가 필요합니다.

넷째, **활동사진은 독자들이 봤을 때 활동 내용을 식별할 수 있도록 크기를 조절**해야 합니다. 심사위원 중에는 연세가 지긋한 분들도 계십니다. 이분들이 잘 볼 수 있도록 편집하는 것이 좋습니다. 저는 60대 어머니가 봐도 잘 보일 정도의 크기로 편집하고, 이를 어머니께 보여드리는 편입니다. 어머니가 '잘 보인다'라고 말씀하시면 그대로 진행합니다.

다섯째, **활동사진별로 사진에 대한 제목이나 설명을 작성**합니다. 연구자는 어떤 활동인지 알지만, 독자는 모릅니다. 간략하게라도 작성하는 것이 좋습니다.

여섯째, **수업 중 당면했던 문제와 내가 적용한 해결 방안을 자세하게 작성**합니다. 세상에 어떤 수업도 완벽할 수 없습니다. 연구 설계를 아무리 잘했다고 하더라도 말입니다. 수업을 진행하며 겪었던 문제 중 현장에 일반화할 수 있는 사례나 고민했던 지점을 밝히고, 연구자 나름의 해결 방안을 제시할 수 있어야 합니다. 이 부분은 대체로 수업 TIP이라는 이름으로 많이 작성됩니다.

일곱째, **활동 결과를 작성할 때는 활동을 통해 변화한 학생들의 긍정적인 모습을 함께 작성**합니다. 이때 연구 프로그램의 목표와 관련지어 작성하는 것이 좋습니다. 가능하다면 학생의 활동 결과물의 변천 과정을 2~3단계 정도로 제시하여 학생의 변화를 가시적으로 보여주는 것이 좋습니다. 활동 결과물이나 학생 소감이 수기인 경우는 네임펜으로 덧칠한 후 스캔하여 수록해야 가독성이 높습니다.

여덟째, **특색 자료나 우수 활동 영상 등을 QR코드를 통해 제시**합니다. QR코드는 연구 내용을 보다 풍성하게 소개하기 위해 사용할 수 있는 방법입니다. 다만, 많은 자료를 보여 주고 싶은 욕심에 QR코드를 남발하면 안 됩니다. 정말 필요한 부분에 소량 사용하세요.

아홉째, **수업 성찰 및 피드백을 작성할 때는 '환류' 내용을 넣는 것이 좋습니다.** 학생은 교사의 피드백 한 번으로 많은 것이 바뀌지 않습니다. 학생에게 어떤 피드백을 제공했는지, 그때의 학생 반응은 어떠했는지, 추후 학생이 어떻게 변화했는지 명료하게 보여 줄 수 있다면 금상첨화일 것입니다. 만약 별도 코너를 마련할 수 없다면 활동 내용을 설명할 때 한두 줄만 넣어 줘도 충분합니다.

## [실천과제 ③] 연구의 일반화

연구의 일반화는 연구의 보편적 활용 및 교육적 효과를 홍보하는 과정입니다. 연구 보고서에서는 타 교과 연계 사례, 다른 학년 적용 사례, 수업 및 자료 나눔, 가정 연계 전략을 주로 작성합니다.

여유가 있다면 일반화 과정에서 동료 교원, 학부모, 교장, 교감 선생님에게 받은 피드백을 연구에 다시 반영했다는 내용을 일반화 부분에 제시하는 것이 좋습니다. 이때 많은 내용을 작성할 필요는 없습니다. 도식처럼 연구 보고서에 간략하게 제시하는 것만으로도 충분합니다. 학교 홈페이지, 인디스쿨, 각종 SNS(블로그, 인스타그램, 유튜브 등)에 연구 자료를 공유하거나 지식샘터, 티처빌 쌤모임 연수를 개설하는 것도 연구의 일반화에 큰 노력을 기울였다는 인상을 줄 수 있습니다. 지식샘터, 티처빌 쌤모임에서는 누구나 자유롭게 연수를 개설할 수 있습니다.

각 시·도교육청 보도자료를 일반화 전략으로 활용할 수 있습니다. 보도자료 양식에 맞게 연구 소개 글을 쓰고 메일을 보내면 내 연구가 교육청 보도자료로 안내됩니다. 시·도교육청 보도자료가 부담스럽다면 학교 단위도 괜찮습니다(교장 선생님이 좋아합니다).

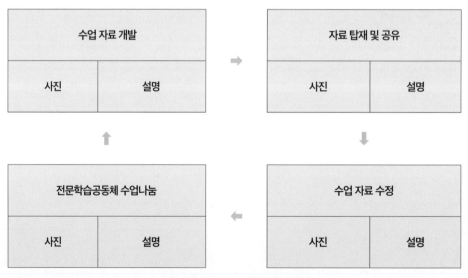

연구의 일반화 작성 예시(도식)

**대전광역시 교육청 [홍보마당]-[보도자료]**

　연구 일반화를 위해 진행한 동학년 협의회, 교내 연수를 진행한다면 사전에 관련 기안을 결재받는 것이 좋습니다. 이는 추후 현장 심사의 증거 자료로 활용하기 위함입니다. 수업 협의록을 작성하고, 활동사진을 찍어 두는 것도 좋은 방법입니다. 가정 연계 전략을 제시하고 싶다면 가정 통신문을 활용할 수 있습니다. 이때 가정 통신문 또한 교장, 교감 선생님의 검토와 결재를 받아 두는 것을 추천합니다.

　만약 본인이 적극적인 성격이라면 공공기관에서 개최하는 공모전을 일반화 전략으로 이용하는 것도 방법입니다. 나의 연구와 관련 있는 부처의 공모전에 연구 프로그램 한 개로 참가한다면 연구 결과를 전국적으로 홍보하겠다는 의지를 강조할 수 있습니다.

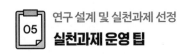

"연구 프로그램을 어떻게 만들고, 운영하는 것이 좋을까?"

   연구대회에 참가하는 많은 선생님이 남들과 다른, 나만의 특별한 연구 프로그램을 만들고 싶어 합니다. 하지만 막상 연구 프로그램을 구안·적용하다 보면 '정말 힘들다'는 곡소리가 절로 나옵니다. 연구를 준비하고 운영하는 데는 많은 시간과 에너지가 필요하기 때문입니다. 거기다 연구 프로그램을 운영하는 데에는 '돈'도 필요합니다. 솔직히 말해 돈 들여서 진행한 연구와 돈 안 들이고 진행한 연구의 양적, 질적 차이는 매우 큽니다. 요즘은 학생들의 눈높이도 높아져서 예전처럼 A4 용지 한 장으로 승부하는 것에는 한계가 있습니다. 그래서 연구를 진행하며 제가 쌓은 노하우를 몇 가지 설명합니다.

### ① 실천 과제 간의 유기적 연계를 강조하자

   2022 개정 교육과정의 강조점은 '문제 해결을 통한 깊이 있는 학습'입니다. 그래서 실천과제를 구안, 적용할 때는 이런 학습법이 적용되어야 하는 것은 기본, 실천과제들이 아래의 예시처럼 유기적으로 연관되도록 구성하는 것이 중요합니다.

■ 실천과제 간 유기적 연계 사례

| |
|---|
| **[예시 1]** 국어 : 나와의 연결-타인과의 연결-작품과의 연결-사회와의 연결-세계와의 연결 |
| **[예시 2]** 수학 : 개념을 익히고, 협동하여, 디지털 매체로 문제해결 |
| **[예시 3]** 융합 : 나(주도성)-너(관계성)-우리(공동체)-세계(지속성) |
| **[예시 4]** 인성 : 나(내면의 나)-너(나와 너의 관계)-우리(생명, 자연)-세계(지구촌, 세계 평화) |

   실천과제들을 유기적으로 연관되도록 구성한다는 말이 무슨 뜻인지 잘 모르겠지요? 예를 통해 확인해 봅시다. '多가치- ECHO프로젝트로 평화로운 화.담.숲 교실 만들기 (2024 인성교육 실천사례 연구발표대회 전국 1등급)'에서는 나(내면의 나), 너(나와 너의

관계), 우리(생명), 세계(세계 평화를 생각하는 나) 구성을 활용했습니다. '인문학의 미래(M.I.R.E.)' 프로젝트로 미래 시민 역량 키우기(2024 수업혁신사례 연구발표대회 국어과 전국 1등급)'에서도 '나, 너, 우리, 세계' 구성을 적용했습니다. 대신 나, 너, 우리, 세계를 연결하는 중심에 '독서 교육'을 활용했습니다. 나와의 연결 – 타인과의 연결 – 작품과의 연결 – 사회와의 연결 – 세계와의 연결을 통해 학생들이 깊이 있는 학습 경험을 할 수 있도록 도운 것이 이 연구의 강점입니다.

깊이 있는 학습이 이루어지기 위해서는 배움을 삶과 연결시켜 주어진 문제를 효과적으로 해결하는 훈련이 필요합니다. 그래서 실천과제를 구성할 때 다양한 연구 보고서를 참고하여 실천과제들 사이에 어떠한 연관성을 줄 것인가를 고민하며 학생 활동 프로그램을 구안하시길 권합니다.

## ② 남들이 하지 않는, 어렵고 힘든 연구를 하자

제가 연구대회에 참가하면서 한 가지 깨달은 점은 '남들이 가지 않는, 어렵고 힘든 연구를 할수록 입상하기에 유리하다'는 것입니다. 많은 선생님이 한 끗 다른, 특별한 연구를 하길 꿈꿉니다. 그럼 '특별한 연구'는 무엇일까요? '특별하다'의 사전상 의미는 '보통의 것과 구별되게 다르다'입니다. 남들을 따라가서는 특별한 연구를 할 수 없습니다. 그렇다면 남들이 하지 않는 연구는 무엇일까요? 적어도 쉽진 않을 겁니다.

최근 교육 트렌드인 에듀테크를 예로 들어 볼까요? 에듀테크를 통해 활동 결과물을 얻기에는 고학년이 저학년보다 유리할 겁니다. 실제로 에듀테크 관련 연구는 저학년보다 고학년을 중심으로 많이 진행되고 있습니다. 세상의 많은 것들이 처음인 1, 2학년에게 에듀테크를 활용한 연구 프로그램을 적용하려면 에듀테크 사용 방법부터 단계별로 알려 줘야 하기 때문에 매우 어렵습니다. 하지만 이런 연구가 희소성이 있는 법입니다.

2025년부터 도입되는 디지털 교과서에 대해서도 생각해볼까요? 교육부는 디지털 교과서 도입에 대해 매우 적극적입니다. 하지만 디지털 교과서가 교육적 효과가 있다는 연구는 부족합니다. 학교 현장과 학부모는 디지털 교과서 도입에 대한 우려를 표명하고 있습니다. 교육부는 디지털 교과서의 교육적 효과를 입증할 수 있고, 현장에 보급할 수

■ 인공지능(AI) 디지털 교과서 도입 로드맵 조정(안)

| | 교과목 | 기존 | 변경 |
|---|---|---|---|
| 초 | 영어, 수학, 정보 | 2025년 도입 → 2027년 도입 완료 | 동일 |
| | 사회(역사), 과학 | 2026년 도입 → 2028년 도입 완료 | 2027년 도입 → 2028년 도입 완료 |
| | 국어, 실과 | 2026년 도입 → 2028년 도입 완료 | 적용 제외 |
| 중 | 영어, 수학, 정보 | 2025년 도입 → 2027년 도입 완료 | 동일 |
| | 사회(한국사) | 2027년 도입 → 2028년 도입 완료 | 2027년 도입 → 2028년 도입 완료 |
| | 과학 | 2026년 도입 → 2028년 도입 완료 | |
| | 국어, 기술·가정 | 2026년 도입 → 2028년 도입 완료 | 적용 제외 |
| 고 | 영어, 수학, 정보 | 2025년 도입 → 2027년 도입 완료 | 동일 |
| | 사회(한국사), 과학 | 2028년 도입 | 동일 |
| | 국어, 실과 | 2028년 도입 | 적용 제외 |
| 특수 | 국어 | 2025년 초등 도입 | 2027년 중·2028년 고까지 확대 |
| | 수학 | 2026년 초등 도입 | 2027년 중·2028년 고까지 확대 |
| | 생활영어 | 2027년 도입 | 적용 제외 |
| | 정보통신 | 2028년 도입 | 적용 제외 |

출처: 교육부(2024.11.29.). 2025년, 교실에서 마주할 인공지능 디지털교과서, 모두를 위한 맞춤 교육을 실현. 보도자료.

있는 우수 사례가 필요합니다. 디지털 교과서에 대한 개인적 견해를 배제하고, 정말 입상이 필요하다면 이 부분에 관한 연구를 진행해 보는 것 또한 방법입니다. 다만, 연구는 중립적이어야 하며, 긍정적 결론을 위한 편향은 지양해야 한다는 사실은 잊지 말아야 합니다. 우리의 연구는 진실해야 합니다. 또한 궁극적으로 교육현장에 도움이 되어야 합니다. 연구자로서 연구 윤리를 항상 유념하세요.

### ③ 교육부, 교육청 사업과 지역 기관을 활용하자!

연구 프로그램을 열심히 구안하려 노력해도 정신적, 금전적 한계에 부딪힐 때가 있습니다. 이때 교육부, 교육청 사업과 지역 기관을 활용하는 것입니다. 연구와 관련 있는 교육부, 교육청 사업을 신청해서 예산을 지원받고 싶다면 [업무포털]-[문서등록대장]을 자주 살펴보며 내 연구와 관련 있는 사업을 찾아 신청하면 됩니다. 다만, 이 경우는 계획서나 결과 보고서를 요구하기도 해서 다소 번거로울 수 있습니다. 만약 계획서나 결과 보고서를 작성하는 것이 부담스럽다면 지역 기관에서 무료로 제공하는 활동을 적극 활용하세요. 시청, 구청, 교육과학연구원 등에서는 학생들을 위한 다양한 교육 프로그램을 무료로 제공하고 있습니다. 저는 '꿈길'과 지역 '수학문화관'을 추천합니다. 학교로 직접 찾아오는 프로그램이 많아 안전 지도에 대한 부담이 적습니다. 또 무료로 진행하는 경우가 많아 예산 절감에도 도움이 됩니다.

**꿈길(ggoomgil.go.kr)**은 진로교육을 지원하는 기관입니다. 진로교육의 경우 교과 교육, 인성교육 등 다방면에 적용할 수 있기 때문에 꿈길 진로교육 프로그램을 활용하면 지역 사회, 학생 진로 탐색 등과 연계한 연구 프로그램을 구안할 수 있습니다. 만약 꿈길에서 활동 신청이 어렵다면 원격영상 **진로멘토링(mentoring.career.go.kr)**을 사용해도 됩니다. 원격영상 진로멘토링은 학생들이 다양한 직업 전문가와 온라인으로 연결되어 진로와 관련된 조언을 받을 수 있는 플랫폼입니다. 녹화된 영상 자료를 수업 자료로 활용할 수 있고, 실제 직업 전문가와의 면담도 추진할 수 있기에 교육적 활용도가 높습니다.

수학문화관의 경우 전국적으로 총 여섯 개로, 대전수학문화관, 부산수학문화관, 노원 수학문화관, 경남수학문화관, 울산수학문화관, 부산수학문화관이 있습니다. 소속 지역에 수학문화관이 없더라도 다른 지역 수학문화관 자료를 내려받아 사용할 수 있어서 교과 간, 분야 간 융합적 접근이 필요할 경우 이곳의 자료를 검토해 보는 것도 좋은 방법입니다.

■ **연구 프로그램 운영 참고 사이트 모음**

꿈길

원격영상 진로멘토링

대전수학문화관

## ④ 자료 정리는 평소에 하자

선생님들은 학기 중에는 몹시 바빠 연구 보고서를 작성하기 어렵습니다. 그래서 많은 선생님이 방학 기간을 이용해 대부분의 연구 보고서를 작성하는 편입니다. 문제는 연구 보고서를 작성할 때 운영한 연구 프로그램에 대해 상세하게 기억하지 못한다는 점입니다. 거기다 연구 보고서를 작성할 즈음에 방대한 분량의 활동 결과물을 정리하면 시간이 몹시 부족합니다. 그래서 저는 주중에 활동 결과물을 정리하고, 주말을 이용해 수업일지를 작성하는 것을 선호합니다.

활동 결과물 중 학생이 수기로 작성한 것이 있다면 우수작 다섯 편 정도를 골라 네임펜으로 덧쓰고, 스캔해 둡니다. 활동 결과물 스캔본과 활동사진은 연구 프로그램별, 단계별로 폴더를 만들어 저장하면 연구 보고서를 작성할 때 시간 낭비 없이 쉽게 찾을 수 있습니다. 학생 소감의 경우 가급적 활동 당일에 학생이 활동지에 직접 작성하도록 합니다. 나중에 작성을 부탁하면 학생이 활동 내용을 제대로 기억하지 못하는 경우가 많기 때문입니다.

■ 수업일지 양식(예시)

| 프로그램명 | 연구 프로그램 이름 | | | | |
|---|---|---|---|---|---|
| 핵심 역량 | 역량, 덕목, 가치 등 | | | 관련 교과 | 융합 교과, 관련 분야 등 |
| 성취기준 | 연구 프로그램의 목표, 주안점, 관련 성취기준 등 | | | | |
| 에듀테크 전략 | 활용 에듀테크 전략 및 효과 | | | | |
| 단계별 활동 | 활동 시기, 활용 자료/도구, 활동별 설명(활동 방법 설명) | | | | |
| | 사진 | 사진 | 사진 | 사진 | |
| | 사진 제목 | 사진 제목 | 사진 제목 | 사진 제목 | |
| 평가 및 피드백 | 평가(시기, 방법, 내용 등) 및 피드백 제시<br>(피드백을 받은 학생의 변화 과정을 기록해도 좋음) | | | | |
| 활동 결과 및 수업 팁 | 활동 관찰 내용, 활동 결과, 수업 중 인상 깊은 점,<br>어려웠던 점, 개선할 점, 수업 팁, 학부모 반응 등을 줄글로 작성 | | | | |
| 학생 소감 | 학생 소감 스캔본과 학생 소감이 연구에 시사하는 점 정리 | | | | |

수업일지의 경우 내가 연구 보고서를 작성할 때 기억할 수 있는 정도로 간략하게 작

성합니다. 연구 시작 전에 위의 양식처럼 연구를 기록할 수 있는 수업일지 양식을 미리 만들어 두면 편리합니다.

### ⑤ 연구와 관련된 다양한 연수, 자료를 수집하자

교사의 전문성은 성공적인 연구의 핵심입니다. 연구대회에 참가할 생각이 있다면 연구 주제와 관련된 연수를 평소에 이수하는 것이 좋습니다. 이때 괜찮은 아이디어가 있다면 한곳에 메모해 두세요.

최근 연구대회에서는 에듀테크를 많이 강조하고 있습니다. 연구 수업에 활용할 수 있는 에듀테크의 종류를 정리하고, 수업에 활용할 수 있는 에듀테크를 연구 보고서에 소개한다면 매우 좋은 점수를 받을 수 있을 것입니다. 에듀테크에 관한 정보를 체계적으로 정리하고 싶다면 한국교육학술정보원에서 발행한 〈에듀테크 수업 활용 가이드북〉, 〈미래교육혁신을 위한 에듀테크 활용 우수사례집〉을 참고하세요. 해당 자료는 한국교육학술정보원 사이트에서 [지식정보]-[교육자료·기타자료]에서 찾을 수 있습니다.

전국 교사들이 패들렛을 이용해 제작한 '에듀테크 도서관'도 좋은 참고자료입니다. 에듀테크 도서관은 각 분야별 에듀테크 도구에 대한 교사들의 평가, 실제 활용 후기를 확인할 수 있어 연구 프로그램을 구안할 때 많은 도움이 됩니다(참고 : padlet.com/ simya94/padlet-itsjf6rsbpyom635).

■ 에듀테크 자료 참고자료

에듀테크 수업 활용 가이드북

에듀테크 도서관

에듀테크 활용 수업에 대한 아이디어를 얻고 싶다면 'Askedtech'도 좋은 참고자료입니다. Askedtech는 전 세계의 다양한 에듀테크 제품과 트렌드를 한눈에 볼 수 있는 플랫폼입니다. 사용자들은 교육 대상, 과목, 기능 등의 기준으로 원하는 도구를 쉽게 찾아보고 비교할 수 있습니다. 또한, 교사들이 추천하는 에듀테크 활용 사례와 도구 정보를 제공하며, 최신 교육 기술 동향을 다룬 뉴스레터로 유용한 자료를 제공합니다.

연구 설계 및 실천과제 선정
## 06 연구 보고서 작성 시 필요한 사진 목록

연구 보고서를 작성할 때 사진은 필수입니다. 하지만 연구 초보자는 어떤 사진을 찍어야 하는지 갈피를 잡지 못하는 경우가 많습니다. 또, 막상 사진을 많이 찍어도 막상 보고서에 활용할 만한 사진이 없을 때도 있습니다. 이 문제를 해결하기 위해 연구 보고서를 작성할 때 꼭 필요한 사진 목록을 소개합니다 QR.

### ① 학생 활동 장면
학생 활동 장면은 개인 활동, 전체 활동, 짝 활동, 모둠 활동, 발표 활동으로 나눠서 촬영합니다. 이때 활동 내용이 구체적으로 드러나는 장면 위주로 찍되, 활동별로 최소 세 장 이상 촬영합니다.

### ② 학생-교사 활동 장면
교사와 학생이 함께 교감하며 활동하는 장면, 활동의 특색이 드러나는 장면 위주로 세 장 이상 촬영합니다. 삼각대 이용해도 좋고, 학생에게 사진을 찍어 달라고 부탁해도 됩니다. 단, 학생에게 원하는 구도를 미리 설명하거나 참고할 만한 사진을 보여주고 촬영을 부탁합니다.

### ③ 학생-학부모, 학부모-교사, 교사-교사 활동 장면

학생-학부모, 학부모-교사 활동 장면은 가정 연계 활동을 제시할 때 증빙 자료로 활용할 수 있습니다. 교사와 라포가 잘 형성된 학부모에게 가정에서 학생이 활동하는 장면을 부탁할 수 있습니다. 학부모-교사 활동 장면은 생략해도 됩니다. 교사-교사 활동 장면은 일반화 노력을 드러낼 때 촬영합니다. 주로 협의회, 연수 활동 등을 촬영합니다. 온라인 연수를 할 때는 연수 화면을 캡처하는 것도 방법입니다.

### ④ 활동 결과물, 학생/학부모 소감

활동 결과물은 활동별로 최소 다섯 개 이상의 우수작을 미리 선정합니다. 학생이 수기로 작성한 결과물은 네임펜으로 덧써서 스캔 후 파일을 보관합니다. 연구 보고서에는 글보다는 그림을 제시하는 것이 유리한 편입니다. 학생 소감은 활동 직후 받아둡니다. 학습지에 활동 소감을 쓰는 코너를 마련해두면 잊지 않고 학생 소감을 작성할 수 있습니다. 학부모 소감은 연구 프로그램이 끝났을 때 학생의 활동 결과물을 가정에 발송한 후 요청하면 자연스럽게 소감이나 피드백을 받을 수 있습니다.

### ⑤ 교육 여건 조성

1년 중 교실이 가장 깨끗한 3월 초에 촬영합니다. 연구 프로그램 운영에 필요한 교실 환경을 조성한 후 다섯 장 이상 촬영해둡니다.

**추천** | **연구 설계 및 실천과제 선정 작성 시 참고할 만한 연구 보고서**

**연구의 설계 참고 연구 보고서**

① 디자인 씽킹 기반 G.L.O.W 프로그램으로 미래 환경 역량 빛내기

    (2024년도 수업혁신사례 연구대회 전국 1등급)

② 꼬마작가X(Co.lla.bo) 매체 프로그램으로 내 삶의 지휘자 되기

    (2024년도 수업혁신사례 연구대회 서울 1등급)


**실천과제 선정-연구 프로그램 개요(요약) 참고 연구 보고서**

① W.H.Y 트레이닝으로 C.O.R.E 역량을 갖춘 미래 세계 민주시민 기르기

    (2023년도 인성교육 실천사례 연구발표대회 전국 1등급)

② 잼UP! 상상톡+C프로그램을 통한 과학 핵심역량 신장하기

    (2024년도 수업혁신사례 연구대회 서울 1등급)


**실천과제 선정-실제 연구 프로그램 운영 사례 참고 연구 보고서**

① 디자인 씽킹 기반 G.L.O.W 프로그램으로 미래 환경 역량 빛내기

    (2024년도 수업혁신사례 연구대회 전국 1등급)

② 꼬마작가X(Co.lla.bo) 매체 프로그램으로 내 삶의 지휘자 되기

    (2024년도 수업혁신사례 연구대회 서울 1등급)

# 연구 결과, 결론 및 제언, 목차

 연구 결과와 결론 및 제언을 작성해야 하는데 솔직히 연구 결과와 결론의 차이가 무엇인지 모르겠어요. 연구 결과와 결론 및 제언의 차이가 무엇인지, 그리고 각각 어떻게 작성해야 하는지 알고 싶어요! 또 연구 내용을 많이 작성하느라 참고문헌을 작성할 공간이 부족한데 참고문헌은 생략해도 되는지 알고 싶어요!

 연구 결과, 결론 및 제언, 목차
## 01 연구 결과, 결론 및 제언이란?

연구 결과, 결론 및 제언은 연구를 마무리하는 부분입니다. 연구 결과는 연구에서 얻은 데이터를 정리하고 분석한 내용을 담습니다. 표나 그래프 등을 활용해 결과를 간결하고 명확하게 제시해야 합니다. 독자가 쉽게 이해할 수 있도록 논리적으로 작성하는 것이 중요합니다.

결론은 연구 결과를 바탕으로 최종적으로 알게 된 사실이나 의미를 정리한 부분입니다. "그래서 무엇을 알 수 있는가?"라는 질문에 답하며, 연구 목표와 연결되도록 작성해야 합니다. 과도한 추측이나 확장은 피해야 합니다.

제언은 연구 결과와 결론을 바탕으로 구체적인 실행 방안이나 개선 방향을 제시하는 부분입니다. 실현 가능하고 현실적인 내용을 담아야 하며, 연구와 직접 관련된 제안이 되어야 합니다. 이 모든 과정에서 간결한 표현과 객관성을 유지하는 것이 중요합니다.

■ 연구 결과, 결론, 제언의 의미

| 연구 결과 | '내가 발견한 사실은 무엇인가?'<br>– 연구를 통해 얻은 정량적, 정성적 데이터와 데이터 분석 내용 제시 |
|---|---|
| 결론 | '이 발견이 의미하는 바는 무엇인가?'<br>– 연구 결과를 바탕으로 도출한 최종적인 해석과 의미 |
| 제언 | '이 연구를 통해 무엇을 해야 하며, 어떻게 하면 더 나아질 수 있는가?'<br>– 연구 결과와 결론을 토대로 제시하는 구체적 실행 방안이나 개선 방향 |

정리하자면 연구 결과에서 연구 결괏값을 분석하고, 결론에서 결괏값의 의미를 도출합니다. 제언에서 결과, 결론을 바탕으로 구체적인 실행 방안, 개선 방향을 제시합니다.

연구 결과, 결론 및 제언, 목차

## 02 연구 결과 작성법

전국 1등급 입상작의 연구 결과 부분을 살펴보면 사전 검사 결과와 사후 검사 결과를 함께 비교합니다. 이렇게 하는 이유는 학생들이 얼마나 변화했는지를 직관적으로 제시할 수 있기 때문입니다. 그래서 연구 결과를 작성할 때는 학생들이 어떤 변화를 보였는지를 그래프, 아이콘으로 제시하고, 검증–분석–성과 순으로 결괏값을 씁니다. 연구 결과는 검증 내용 및 방법과 검증 결과 분석 및 시사점으로 나눠 작성할 수 있습니다.

### ① 검증 내용 및 방법

주로 연구 운영 결과를 검증할 때 사용한 방법, 검증 시기, 활용 도구 등을 표로 제시합니다. 이 부분은 거의 형식이 고정적이니 예시를 참고하여 작성하면 됩니다.

**[A 프로그램] 운영을 통하여 변화된 학생들의 모습을 알아보기 위해 다음과 같은 검증을 실시하였다.**

| 시 기 | 대 상 | 방 법 | 검사 내용 및 활용 도구 | 결과분석방법 |
|---|---|---|---|---|
| 사전<br>3월 2주 | 0학년 0반 00명<br>(남 00명, 여 00명) | 양적분석 | · 문제해결<br>-단원평가(10문항) 결과 평균 점수 활용<br>· 추론, 정보처리<br>-KERIS 미래학생역량검사(2015) | 사전, 사후<br>비교 분석 |
| 사후<br>10월 1주 | | 질적분석 | 학생 상담 및 관찰 | |

## ② 검증 결과 분석 및 시사점

검증 결과 분석에서는 사전, 사후 결과를 비교해 연구 프로그램이 효과가 있음을 부각할 수 있는 데이터를 강조해야 합니다. 예를 들어 건강 영역 흥미도 영역에서 '그렇다'를 응답한 학생이 사전 검사 결과와 사후 검사 결과를 비교했을 때 24% 증가했다면 이를 언급해주는 겁니다.

시사점은 데이터를 읽어주는 검증 결과 분석과 다릅니다. 시사점에서는 연구 프로그램 적용 결과에 따라 연구 프로그램이 어떤 점에서 효과가 있는지 설명할 수 있어야 합니다. 'S.S.E.N. 온(溫)라인 체육 프로그램을 통해 학생들의 체육 건강 영역에 대한 흥미가 이전보다 향상됐다'와 같이 결과를 종합하여 프로그램의 의미와 가치를 구체적으로 서술하는 것이 중요합니다. 시사점에서는 단순히 데이터 증가나 감소를 언급하는 것을 넘어, 이러한 변화가 학생들의 학습이나 생활에 어떤 긍정적 영향을 미쳤는지 설명해야 합니다. 여유가 된다면 손 글씨로 작성된 학생 소감을 첨부해도 됩니다. 이렇게 하면 연구의 진정성과 신뢰감을 강조할 수 있습니다. 또 단순한 수치나 그래프로는 전달하기 어려운 정서적 변화를 보여줄 수 있습니다. 단, 학생 소감을 제시할 때는 연구 결과를 뒷받침할 수 있는 것으로 선별하고, 간단한 연구자의 해석을 덧붙여줍니다.

### ③ 그래프 작성법

연구 결과 제시를 위한 그래프를 만들 때는 가독성을 고려해야 합니다(물론 실태 분석에서도 동일합니다). 그래프의 가독성을 높이는 방법은 세 가지가 있습니다. 첫째, 그래프 바로 옆이나 위에 값을 표기합니다. y축 척도나 제목과 같이 그래프가 지저분해 보일 수 있는 요소는 제거하는 것이 그래프의 가독성을 높이는 데 도움이 됩니다.

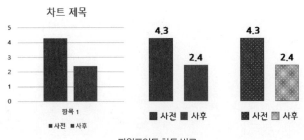

파워포인트 차트 비교

둘째, 그래프 디자인은 명도 차이를 강조하거나 패턴 채우기를 활용합니다. 대부분의 연구대회에서 연구 보고서의 흑백 출력을 요구합니다. 그래프 항목을 색깔로 구분하면 흑백으로 인쇄했을 때 항목 구분이 어렵습니다. 그래서 그래프 항목별로 명도 차이를 강조하거나 직관적으로 구분 가능한 패턴을 사용하는 것이 좋습니다.

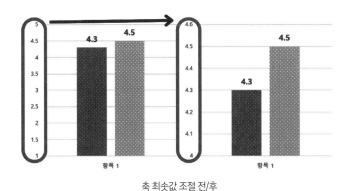

축 최솟값 조절 전/후

셋째, 학생들의 '변화 정도'를 강조합니다. 연구 보고서에서 그래프의 역할은 정확한 값의 전달이 아닙니다. 대신, 그래프는 학생들의 '상태', '변화 정도'를 제시하는 역할을 합니다. 실태 분석 단계에서는 학생들의 '상태'를, 연구 결과 분석에서는 학생들의 '변화 정도'를 명확하게 보여주면 됩니다. 만약 파워포인트에서 그래프를 만들었을 때 값의 차이가 커 보이지 않는다면 [축 옵션]에서 '최솟값'을 조정하면 됩니다. y축을 클릭한 상태에서 오른쪽 마우스 버튼을 누르면 [축 서식]이 나옵니다. 축 서식에서 [축 옵션(▮▮▮)]을 클릭하면 축의 최솟값을 조절할 수 있습니다.

## 03 결론 및 제언 작성법

### ① 결론

결론을 작성할 때는 연구의 필요성, 연구의 목적과 연결 지어 작성합니다. 또한 연구가 유의미했음을 강조합니다. 결론에서 연구가 유의미했다는 것은 연구의 목적이 달성됐고, 연구의 필요성에서 제기한 문제가 개선됐음을 의미합니다. 결론의 개수는 연구 프로그램의 개수만큼 작성합니다. 보통 연구 프로그램이 서너 개이니 결론 역시 서너 개 작성하면 됩니다.

### ② 제언

제언은 연구자가 본인의 연구를 일반화하기 위한 방안, 연구 개선점 등을 제시하는 부분입니다. 이때 연구의 부족함을 부각하기 위해 부정적인 내용을 늘여놓아서는 안 됩니다. 대신 연구 결과를 바탕으로 연구 개선 방향과 일반화 방안을 긍정적이고 구체적으로 제시합니다. 제언에서 자주 사용하는 문구를 아래와 같이 정리했으니, 작성에 참고하세요.

■ 제언 단골 문구

① 본 연구의 일반화를 위한 전문학습공동체 구성 및 공동 연구의 필요성
② 특성이 다른 학습자 집단에 일반화할 수 있는 방안 모색(= 개별 학생 맞춤형 피드백 방안에 대한 연구)
③ 교사 역량 향상을 위한 다양한 연수를 지속적으로 실시
④ 양질의 프로그램 운영을 위한 연초 계획 수립의 필요성
⑤ 에듀테크 수업의 한계와 극복 방안 모색
⑥ 에듀테크에 대한 지속적인 연구 필요

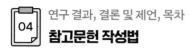
"참고문헌 작성을 생략해도 될까요?"

결론부터 말하면 '아니요'입니다. 우리가 연구를 진행할 때 아무런 참고자료 없이 연구를 진행하는 것은 사실상 불가능한 일입니다. 참고문헌은 연구의 신뢰성을 높이고, 연구 과정에서 활용한 자료에 대한 출처를 명확히 하기 위해 필수적입니다.

많이 적을 필요도 없습니다. 5~10개 정도면 충분합니다. 참고문헌을 작성할 때는 최신 연구 자료를 참고문헌에 수록합니다. 연구를 설계할 때 활용했던 자료 중 최근 5년 안에 발행한 논문, 연구 보고서, 관련 도서 등을 넣으면 됩니다. 물론 사이트도 가능합니다. 더불어 참고문헌에 논문을 넣는다면 최소한 박사 학위 이상의 논문을 포함하는 것이 좋습니다. 참고문헌은 '저자명, 발행 연도, 제목, 발행기관' 순으로 작성하면 됩니다.

## 참고 문헌

| | |
|---|---|
| 1 | 교육부(2017), (초등학교 3~4학년군) 체육 3학년 교사용 지도서 : [2015 개정 교육과정], 지학사 |
| 2 | 교육부(2017), (초등학교 3~4학년군) 체육 4학년 교사용 지도서 : [2015 개정 교육과정], 지학사 |
| 3 | 교육부(2017), (초등학교 5~6학년군) 체육 5학년 교사용 지도서 : [2015 개정 교육과정], 지학사 |
| 4 | 교육부(2017), (초등학교 5~6학년군) 체육 6학년 교사용 지도서 : [2015 개정 교육과정], 지학사 |
| 5 | 김명수 외 2명(2010) 초등학교 체육 수업에서 실시간 영상정보 피드백을 제공한 수업 사례 연구(한국초등체육학회) |
| 6 | 남석히 외 3명(2011) 웹 활용 피드백 제시가 초등학생의 신체적 자기효능감 및 체육 수업 만족도와 수업 태도에 미치는 효과(대구교육대학교 교육대학원 석사학위 논문) |
| 7 | 원진숙 외 3명(2012) 다문화 가정 학생을 위한 한국어 표준 교재 개발-초등 과정(국립국어원) |
| 8 | 이종화 외 2명(2014) 웹 기반 체육 수업과 학생들의 수업 만족도의 관계(한국초등체육학회) |
| 9 | 김재성 외 2명(2015) 자기주도적 개별화수업모형을 적용한 뜀틀 앞구르기 수업의 사례연구(이화여자대학교 교과교육연구소) |
| 10 | 이우경 외 3명(2015) 모바일 기반 자기건강관리 프로그램이 초등학생의 운동지속도와 건강체력에 미치는 영향(한국초등체육학회) |
| 11 | 박미림(2017) 초등학교에서의 건강교육은 얼마나 건강한가?-초등체육 건강활동 지도의 내실화를 위한 교육학적 탐색(서울대학교 대학원 박사학위논문) |
| 12 | 박종태 외 2명(2019) 개별화수업모형이 초등학교 건강 단원 운동체력 수업에 미치는 영향(한국초등체육학회) |
| 13 | 권용철 외 2명(2019) 초등학교 동작도전 교수학습자료 애플리케이션 앱(APP) 개발(한국초등체육학회) |
| 14 | 임영재, 임경희(2020) VR 체육 수업이 초등학생의 운동노력, 지각된 건강상태 지각된 즐거움, 자기효능감, 운동지속의도에 미치는 효과(학습자중심교과교육학회) |

**05 목차 작성법**

목차의 작성법은 대부분의 연구 보고서가 비슷합니다. 그래서 참고 연구 보고서의 목차 형식을 참고하여 작성하면 됩니다. 다만, CONTENTS와 같은 영문 표기보다는 한글로 '차례', '목차'라고 표기하는 것이 낫습니다.

■ 목차의 기본 구성 요소

I. 연구의 준비
   1. 연구의 개요
   2. 이론적 배경
   3. 실태 분석 및 실천과제 선정

II. 연구의 실행(실천)
   1. 연구의 설계
   2. 연구의 실행(실천)

III. 연구의 결과
   1. 연구 결과 및 분석
   2. 결론 및 제언
   3. 참고문헌

 **추천** **연구 결과, 결론 및 제언 작성 시 참고할 만한 연구 보고서**

**연구 결과 참고 연구 보고서**
① 디자인 씽킹 기반 G.L.O.W 프로그램으로 미래 환경 역량 빛내기(2024년도 수업혁신사례 연구대회 전국 1등급)
② 관계 FOCUS 프로젝트로 도덕적 역량을 갖춘 미래 시민 기르기(2024년도 수업혁신사례 연구대회 서울 1등급)

**결론 및 제언 참고 연구 보고서**
① W.H.Y 트레이닝으로 C.O.R.E 역량을 갖춘 미래 세계 민주시민 기르기(2023년도 인성교육 실천사례 연구발표대회 전국 1등급)
② 꼬마작가X(Co.lla.bo) 매체 프로그램으로 내 삶의 지휘자 되기(2024년도 수업혁신사례 연구대회 서울 1등급)

CHAPTER
4

# 연구 보고서
# 편집 방법

# 연구 보고서 편집 기초

저는 보고서 내용은 작성할 수 있지만 '똥손'이라 보고서 디자인은 자신이 없어요. 주변에서 '연구 보고서 디자인을 외부 업체에 맡겨라', '포토샵 같은 디자인 편집 프로그램을 활용해 봐라'와 같은 조언을 듣긴 했지만 정말 그래야 하는지 궁금합니다. 연구 보고서 디자인이 화려해야만 입상할 수 있나요?

연구 보고서 편집 기초
## 01 편집 용지 및 쪽 번호 설정

연구 보고서를 작성하기 전에 가장 먼저 해야 할 일이 무엇일까요? 바로 편집 용지와 쪽 번호를 설정하는 것입니다. 초반에 기본 편집 요소를 설정해두면 추가 설정 없이 연구 보고서를 빠르게 작성할 수 있습니다.

편집 용지 설정은 대회마다, 해마다 조금씩 달라집니다. 그래서 참가하는 해의 대회 요강을 반드시 확인하고, 편집 용지 설정을 해야 합니다. 키보드에서 F7 키를 누르면 편집 용지를 설정할 수 있습니다. 연구 보고서 탈락 요인 중 하나가 편집 용지 미설정인 만큼 편집 용지 설정을 제대로 했는지 꼭 확인해야 합니다. 참고로 2024년 수업혁신사례 연구대회는 좌우 여백 25mm, 제본 10mm, 위, 아래 여백 15mm, 머리말/꼬리말 여백 15mm가 기준입니다.

연구 초보자는 쪽 번호 설정에서도 실수가 많습니다. 대회마다 다소 차이는 있지만 보고서 표지, 요약서, 목차는 쪽수에 포함되지 않습니다. 다시 말해, 보고서 표지, 요약서, 목차에는 쪽수 표시를 하지 않습니다. 대회 요강에서 특별히 쪽 번호 설정에 대한 언급이 없다면 'I. 서론 - 1. 연구의 필요성'이 시작되는 쪽부터 1쪽으로 설정하면 됩니다. 이때 한글 상단 메뉴 탭의 [쪽]-[새 번호로 시작] 기능을 사용하면 내가 원하는 위치에서부터 쪽 번호를 설정할 수 있습니다. 1쪽의 시작은 연구 보고서를 펼쳤을 때 오른쪽에 위치해야 합니다. 우리가 흔히 보는 책의 편집 상태를 생각하면 이해가 쉽습니다.

연구 보고서 편집 기초
## 02 글자 크기 및 글꼴

연구 보고서에서 글자 크기는 공문서 작성법에 근거합니다. 대체로 대제목은 15pt, 소제목은 12pt로 설정하여 씁니다. 본문 글자는 10~11pt를 주로 쓰지만 가독성을 고려하여 11pt를 많이 사용합니다.

연구대회에서 가장 많이 쓰이는 글꼴은 '휴먼명조'와 '맑은 고딕'입니다. 하지만 연구 보고서에 사용하는 글꼴, 크기를 대회 요강에 명시하는 경우가 있으므로 반드시 대회 요강을 확인해야 합니다.

■ 자주 쓰이는 글자 크기 및 글꼴

대제목: 안녕하세요(15pt)
소제목: 안녕하세요(12pt)
본문 글자 크기 (1): 안녕하세요(11pt)
본문 글자 크기 (2): 안녕하세요(10pt)

휴먼명조

대제목: 안녕하세요(15pt)
소제목: 안녕하세요(12pt)
본문 글자 크기 (1): 안녕하세요(11pt)
본문 글자 크기 (2): 안녕하세요(10pt)

맑은고딕

간혹 연구 보고서 꾸미기를 위해 다양한 글꼴을 쓰는 경우가 있는데, 그러면 안 됩니다. 연구 보고서에 쓰는 글꼴은 반드시 통일하되 글꼴의 종류는 최대 두세 개가 한계입니다(저는 제목용 글꼴 2개, 본문용 글꼴 1개를 사용합니다). 더불어 휴먼명조나 맑은 고딕

이 아닌 글꼴을 쓰겠다면 반드시 글꼴 저작권을 고려해야 합니다. 눈누, 구글 폰트, 카페 24, 공공누리에서 저작권 걱정 없는 다양한 무료 글꼴을 제공하고 있으니 연구 보고서에 적합한 글꼴을 찾아보길 바랍니다.

연구 보고서 편집 기초
## 03 줄 간격, 자간 및 장평

앞서 한 번 설명했던 내용이지만, 확실히 줄 간격 150%가 130%보다 가독성이 좋습니다. 연구 초보자 중에는 보고서에 많은 내용을 작성하고 싶어 줄 간격을 100~130%로 설정하기도 합니다. 하지만 줄 간격을 150% 미만으로 설정하면 가독성이 떨어집니다. 줄 간격은 150~160%가 가장 이상적입니다.

수업혁신사례 연구대회처럼 대회 요강에서 본문의 줄 간격 설정을 160%로 지정하는 대회도 있습니다. 다만, 대부분의 연구대회에서 표를 작성할 때는 줄 간격에 대한 제한을 하지 않습니다. 연구 보고서의 내용은 대부분 표로 작성합니다. 그래서 대회 요강에서 표의 줄 간격 설정 규정이 없다면 줄 간격은 150~160%로 지정하는 것이 좋습니다.

자간과 장평에 대해서도 알아보겠습니다. 자간은 글자와 글자 사이의 간격이고, 장평은 글자 한 개의 세로 길이 대비 가로 길이의 비율을 뜻합니다. 한글 프로그램에서는 자간 0%, 장평 100%가 기본 설정입니다. 여기에 한 가지 문제가 있습니다. 연구 보고서를 쓰다 보면 한정된 공간 안에 많은 내용을 작성해야 하는 경우가 자주 있습니다. 이때 자간과 장평을 주로 조절합니다. 다만, 자간과 장평을 잘못 조절하면 글자가 찌그러지거나 글자들이 겹치는 현상이 발생할 수 있습니다. 이러한 현상을 예방하기 위해 자간은 −5% 정도를, 장평은 95~100%를 유지합니다. 자간과 장평을 편집하고 싶다면 한글에서 [글자 모양] 기능(단축키 Alt+L)을 활용하면 됩니다. 또한 자간의 경우 단축키를 사용하여 빠르게 편집할 수 있습니다. 자간을 줄이고 싶다면 [Shift]+[Alt]+[n], 자간을 늘이고 싶다면 [Shift]+[Alt]+[w]를 누르면 됩니다.

연구 보고서를 편집하는 한 가지 팁을 더 드리기 위해 퀴즈 하나를 내겠습니다.

> ※ 다음 중 편집상 문장이 매끄럽게 보이는 것은 무엇인가요?
>
> > ① 동해물과 백두산이 마르고 닳도록 하느님이 보우하
> > 사 우리나라 만세 무궁화 삼천리 화려강산
>
> > ② 동해물과 백두산이 마르고 닳도록 하느님이 보우
> > 하사 우리나라 만세 무궁화 삼천리 화려강산

편집상 문장이 매끄럽게 읽히는 것은 ②입니다. 이런 행 넘김을 신경 쓰는 분들이 꽤 계십니다. 사소한 편집 차이지만 그 차이로 인해 ②가 ①보다 가독성이 좋습니다. 내용을 작성할 때 이 부분 역시 고려하여 작성해야 합니다. 내가 별것 아니라고 생각하는 것이 누군가에게는 중요할 수 있으니까요.

## 연구 보고서 편집 기초
## 04 글틀과 표

간혹 파워포인트에서 이미지 안에 글자를 삽입한 다음 이미지로 저장해서 한글에 붙여 넣는 사람들이 있습니다. 그러면 안 됩니다. 이런 편집 방법을 사용하면 이미지의 화질이 떨어집니다. 또 글자 크기도 본문 글자와 차이가 나서 글자 간 통일성이 부족합니다.

연구 보고서에서 아이콘, 이미지 등이 들어간 도식, 그림 안에 글자를 쓰고 싶다면 한글의 '글 상자 기능([입력]-[글 상자])'을 활용하세요. 글

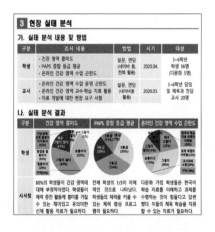

상자에 글자를 쓰고 이미지와 글자를 그룹으로 묶으면 PDF 파일로 변환하거나 종이 인쇄했을 때 글자가 깨지는 일은 거의 생기지 않습니다. 더불어 아이콘, 이미지를 활용

188

한 글틀 디자인을 만들기 어렵다면 위의 이미지처럼 '표'를 활용하는 것도 방법입니다. 테두리 선만 없애면 돼서 초보자도 만들기 쉽고, 디자인도 깔끔합니다.

전국 1등급 입상작을 분석하다 보면 화려한 디자인의 연구 보고서를 종종 발견할 수 있습니다. '연구의 필요성'을 만화 형식으로 제시하기도 하고, 귀여운 캐릭터를 사용해서 연구 내용을 소개하기도 합니다. 연구 내용을 잘 전달할 수 있는 탁월한 디자인 실력이 있다면 그 능력을 활용하면 됩니다. 하지만 단순한 디자인의 연구 보고서가 전국 1등급으로 입상하지 못하는 건 아닙니다. 화려한 디자인을 자랑하는 연구 보고서는 극소수입니다. 연구 보고서의 핵심 기능은 '연구 내용 설명'입니다. 그러니 연구 보고서에서 '연구 내용을 잘 설명할 수 있는 디자인'이 좋은 연구 보고서 디자인입니다.

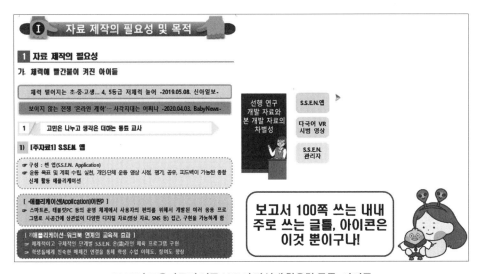

2020년 교육자료전 연구 보고서 작성에 활용한 글틀, 아이콘

더불어 연구 보고서를 디자인하는 데 많은 글틀과 아이콘이 필요하진 않습니다. 반복적으로 활용하는 아이템만 수집·제작하면 됩니다. 제가 2020년에 연구 보고서 100쪽을 작성하는 데 쓴 글틀과 아이콘의 수는 고작 12개였습니다. 그리고 모두 파워포인트, 미리 캔버스, 한글로 만들었습니다. 기본적인 파워포인트 편집 기능이나 캔바에서 제공하는 무료 이미지만 활용해도 충분히 연구 보고서 디자인을 할 수 있습니다.

연구 보고서를 작성하는 데 필요한 글틀, 아이콘을 연구 내용과 연구자의 편집 스타일에 따라 다소 차이가 나지만 아래와 같이 목록화할 수 있습니다.

■ 만들거나 수집해야 할 기본 글틀, 아이콘 목록 및 디자인 예시

| 이름 | 예시 |
|---|---|
| 대영역 글틀 | **I 자료 제작의 필요성 및 목적** |
| 중영역 글틀 | **1 자료 제작의 필요성** |
| 내용 강조 글틀 | 체력 떨어지는 초·중·고생... 4, 5등급 저체력 늘어 -2019.05.08. 신아일보-<br>보이지 않는 전쟁 '온라인 개학'… 사각지대는 어쩌나 -2020.04.03. BabyNews- |
| 항목 나열 아이콘 | (항목 나열 아이콘 예시) |
| 학생, 학부모 아이콘 | (학생, 학부모 아이콘 예시) (출처 : Freepik) |

만약 글틀을 만드는 것이 어렵다면 캔바의 이미지를 활용해도 됩니다. 캔바 검색창에 '글틀'이라고 입력하면 다양한 글틀 디자인을 찾을 수 있습니다. 원하는 글틀 이미지를 다운로드 후, 한글 글상자 기능을 활용해 텍스트를 입력하면 됩니다. 다만, 캔바 이미지는 있는 그대로 사용하면 저작권 위반입니다. 연구 내용에 맞게 적절히 수정하여 사용하세요.

항목 나열 아이콘의 경우 한글에 좋은 것들이 많습니다. 한글의 [서식]-[글머리표]를 클릭하면 항목 나열 아이콘으로 활용하기 좋은 글머리 아이콘을 찾을 수 있습니다. 이 밖에도 시중에는 연구 보고서 작성에 도움이 되는 다양한 아이콘/이미지 찾기 사이트가 많습니다. 아래 목록에 제시된 아이콘/이미지 찾기 사이트를 활용해 연구 보고서 디자인에 필요한 아이템을 찾아봅시다.

## ■ 캔바 글틀 편집 및 다운로드 방법

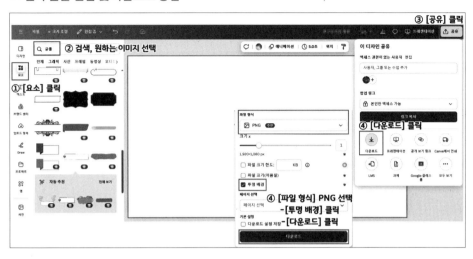

## ■ 아이콘/이미지 찾기 사이트

| 사이트명 | 사이트 주소 |
|---|---|
| 캔바 | canva.com |
| ICONFINDER | iconfinder.com |
| Flaticon | flaticon.com |
| Freepik | freepik.com |
| Find icons | icon-icons.com/search/icons/find |
| Iconmonstr | iconmonstr.com |
| 망고보드 | mangoboard.net |

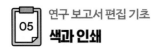
연구 보고서의 본질은 독자에게 연구 내용을 잘 전달하는 것입니다. 무대 위 배우가 빛날 수 있게 강조해주는 스포트라이트처럼, 보고서 디자인도 연구 내용을 부각하는 역할을 해야 합니다. 그래서 보고서 디자인에서 '색'의 핵심은 ① 독자의 눈을 피로하게 하지 않을 것, ② 연구 핵심 내용 강조입니다.

교육자료전과 같은 몇몇 대회를 제외하고, 대부분의 연구대회에서는 연구 보고서를 흑백으로 출력, 제출합니다. 즉, 내가 애써 예쁜 색을 사용해서 연구 보고서를 디자인한다고 하더라도 흑백 출력 후에는 소용이 없다는 겁니다. 그러니 연구 보고서에 사용하는 색깔 자체에 그리 집중할 필요 없습니다.

대부분의 연구 보고서는 흑백 출력하기 때문에 배경색은 색상보다 명도가 중요합니다. 저는 컬러 출력이 필요할 때 하늘색 계열이나 초록색 계열 색상 서너 가지를 쓰는 편입니다.

■ 도비쌤 추천 색상 코드

| Grayscale Chart for Printing | | #F8F8F8  #DCDCDB  #A0A0A0  #646464  #282828 |
|---|---|---|
| Comfortable Colors | Green Tones | #E8F5E9  #C8E6C9  #A5D6A7  #81C784  #388E3C |
| | Blue Tones | #E3F2FD  #BBDEFB  #90CAF9  #64B5F6  #1976D2 |

이밖에 다른 색상을 쓰고 싶다면 구글 검색이나 핀터레스트를 활용해도 됩니다. 둘 중 하나에 '색 조합 파레트' 또는 '디자이너 색 조합'을 검색하면 다양한 결과를 찾을 수 있습니다. 원하는 이미지를 복사하고, 파워포인트, 한글, 캔바에 있는 [스포이드] 도구로 색을 찍으면 색상 코드가 나옵니다. 색상을 선택할 때는 눈이 편안하고 조화로운 것

을 고르면 됩니다.

　만약 핵심 문구에 포인트를 주고 싶다면 '글상자' 기능을 추천합니다. 글상자는 속성 변경을 통해 모양 변형(직각, 둥근 모양, 반원)이 가능합니다. 또, 색 채우기로 핵심 문구를 강조할 수 있습니다. 다만, 핵심 문구를 지나치게 여러 개 강조하는 것은 가독성이 떨어집니다. 영역별로 한두 개의 핵심 문구만 강조하는 것을 추천합니다.

■ 핀터레스트 '색 조합 파레트' 검색 결과와 스포이드 도구 사용법

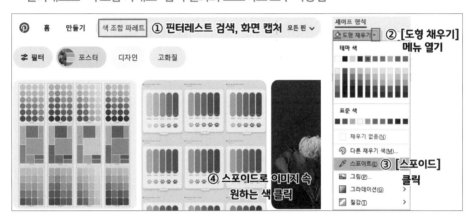

■ 글상자 활용 예시

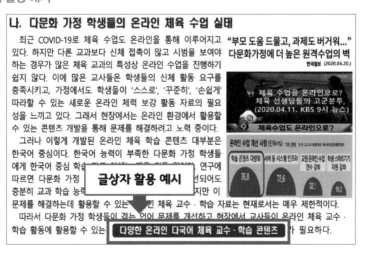

# 연구 보고서 편집 심화

연구 보고서 편집 심화
## 01 나만의 연구 보고서 틀 만들기

연구 보고서 틀은 연구 보고서의 기본 뼈대입니다. 연구 내용을 작성하기 전에 연구 보고서 틀을 미리 만들어 두면 보고서 작성 속도를 높일 수 있습니다. 나만의 연구 보고서 틀을 만드는 방법을 3단계로 나눠 살펴보겠습니다.

### [1단계] 모델링할 연구 보고서 세 개 고르기

가장 먼저 해야 할 일은 모델링할 연구 보고서 세 개를 고르는 것입니다. 저는 모델링할 연구 보고서를 고를 때 ① 전국 1등급 입상작 보고서, ② 연구 주제가 나의 연구와 비슷한 보고서, ③ 서술 방식이 논리적인 보고서, ④ 영역별 디자인이 마음에 드는 보고서 순으로 고르는 편입니다. 연구자의 관점과 성향에 따라 모델링할 보고서를 고르는 기준은 각기 다릅니다. 저의 기준이 절대적인 것은 아니니 참고만 하세요.

## [2단계] 연구 보고서 영역별 틀 확인하기

2단계에서는 모델링할 보고서의 영역별 틀을 정리합니다. 영역은 목차를 바탕으로 구분합니다. 연구 보고서의 영역별 틀을 확인하는 방법은 연구 보고서의 디자인 요소, 텍스트를 모두 제거하는 것입니다. 제거하는 방법은 간단합니다. 예시처럼 한글의 표 기능을 사용하여 보고서의 영역별 틀을 간단히 정리해보면 됩니다. 적어도 연구의 필요성, 연구의 목적, 용어의 정의, 이론적 배경 및 선행연구 분석, 실태 분석, 연구 설계 및 실천과제 선정, 연구 결과 분석, 결론 및 제언과 같은 필수 항목은 확인해야 합니다.

예 도비쌤이 선택한 모델링 보고서 세 개 (에듀넷 티-클리어)
　　A: 몰입공동체의 F.O.C.U.on(溫) 아들러 프로젝트로 의사소통역량 기르기
　　B: META-FLOW 프로그램 활동을 통한 수학 교과 역량 더하기
　　C: 책과 노니는 놀.배.꿈. 독서 여행으로 배움공동체 연결하기

**틀 A**

Ⅰ. 연구의 개요
1. 정석적으로 적기도 하고
2. 예시처럼 풀어서 쓰기도 함.

1. 연구의 필요성

| | |
|---|---|
| 시대적 요구 | 내용 요약문 1줄 |
| 이미지 | |
| 사회적 요구 | 내용 요약문 1줄 |
| 이미지 | |
| 교육 수요자의 요구 | 내용 요약문 1줄 |
| 이미지 | |

연구의 방향 1문장 제시

**틀 B**

Ⅰ. 연구의 준비

1. 연구의 개요

가. 연구의 필요성

| | |
|---|---|
| 내용 요약문 1줄 | 사회적 요구는? |
| 내용 작성 | 본문 요약 3개 |
| 교실의 요구는? | 내용 요약문 1줄 |
| 본문 요약 3개 | 내용 작성 |
| 내용 요약문 1줄 | 교육 수요자의 요구는? |
| 내용 작성 | 본문 요약 3개 |

**틀 C**

Ⅰ. 연구의 개요

1. 연구의 필요성

| | | |
|---|---|---|
| 시대적 요구 | 내용 관련 질문 (대안을 찾아가는 2021년이 되어야 하지 않을까?) | |
| | 질문에 대한 답 | |
| | 내용 관련 질문 (지금과 같은 상황에 교사는 어떤 역할을 해야 할까?) | |
| | 질문에 대한 답 | |
| 교육 수요자의 요구 | 내용 관련 질문 (학생의 모든 배움에 기초가 되는 것이 있다면 무엇일까?) | |
| | 질문에 대한 답 | |
| | 내용 관련 질문 (학부모의 불안을 잠재울 소통과 신뢰가 필요하지 않을까?) | |
| | 질문에 대한 답 | |
| 교육 과정의 방향 | 내용 관련 질문 (교육과정 안에서 독서 교육 밥상을 차려볼까?) | |
| | 질문에 대한 답 | |
| | 내용 관련 질문 (독서 단원 프로젝트 학습으로 평생 독자를 키워보자.) | |
| | 질문에 대한 답 | |

연구의 방향 서술

## [3단계] 나만의 보고서 틀 만들기

3단계에서는 모델링한 틀에서 내가 마음에 드는 부분을 취합합니다. 이해를 돕기 위해 예시로 모델링한 틀을 취합하는 방법을 설명하겠습니다.

※ 틀 A, B, C의 상세 텍스트는 앞면 195p에서 확인하실 수 있습니다. 다음에서는 각 틀에서 모델링한 부분을 색깔 선으로 확인하세요.

**틀A**

| I. 연구의 개요 |
| --- |
| 1. 정석적으로 적기도 하고 |
| 2. 예시처럼 풀어서 쓰기도 함. |

| 1. 연구의 필요성 | |
| --- | --- |
| 시대적 요구 | 내용 요약문 1줄 |
| 이미지 | |
| 사회적 요구 | 내용 요약문 1줄 |
| 이미지 | |
| 교육 수요자의 요구 | 내용 요약문 1줄 |
| 이미지 | |

| 연구의 방향 1문장 제시 |
| --- |

**틀B**

| I. 연구의 준비 |
| --- |

| 1. 연구의 개요 |
| --- |

| 가. 연구의 필요성 | |
| --- | --- |
| 내용 요약문 1줄 | 사회적 요구? |
| 내용 작성 | 본문 요약 3개 |
| 교실의 요구는? | 내용 요약문 1줄 |
| 본문 요약 3개 | 내용 작성 |
| 내용 요약문 1줄 | 교육 수요자의 요구는? |
| 내용 작성 | 본문 요약 3개 |

**틀C**

| I. 연구의 개요 |
| --- |

| 1. 연구의 필요성 | |
| --- | --- |
| 시대적 요구 | 내용 관련 질문 (대한을 찾아가는 2021년이 되어야 하지 않을까?) |
| | 질문에 대한 답 |
| | 내용 관련 질문 (지금과 같은 상황에 교사는 어떤 역할을 해야 할까?) |
| | 질문에 대한 답 |
| 교육 수요자의 요구 | 내용 관련 질문 (학생의 모든 배움에 기초가 되는 것이 있다? 그건 무엇일까?) |
| | 질문에 대한 답 |
| | 내용 관련 질문 (학부모의 불안을 잠재울 소통과 신뢰가 필요하지 않을까?) |
| | 질문에 대한 답 |
| 교육 과정의 방향 | 내용 관련 질문 (교육과정 안에서 독서 교육 밥상을 차려볼까?) |
| | 질문에 대한 답 |
| | 내용 관련 질문 (독서 단원 프로젝트 학습으로 평생 독자를 키워보자) |
| | 질문에 대한 답 |

| 연구의 방향 서술 |
| --- |

① 모델링할 연구 보고서에서 '연구의 필요성' 부분의 틀을 한글 '표 기능'으로 그립니다. 세 개의 틀을 두 개씩 비교하며 마음에 드는 부분을 취합합니다.

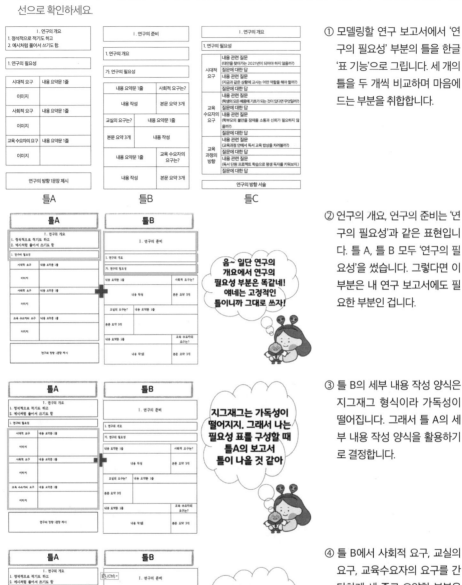

② 연구의 개요, 연구의 준비는 '연구의 필요성'과 같은 표현입니다. 틀 A, 틀 B 모두 '연구의 필요성'을 썼습니다. 그렇다면 이 부분은 내 연구 보고서에도 필요한 부분인 겁니다.

③ 틀 B의 세부 내용 작성 양식은 지그재그 형식이라 가독성이 떨어집니다. 그래서 틀 A의 세부 내용 작성 양식을 활용하기로 결정합니다.

④ 틀 B에서 사회적 요구, 교실의 요구, 교육수요자의 요구를 간단하게 세 줄로 요약한 부분은 쓰고 싶습니다. 그래서 틀 A의 이미지 넣는 칸에 이를 대신 넣기로 합니다.

⑤ 틀 A와 틀 B를 활용해 재구성 보고서 양식(1차)을 왼쪽 이미지와 같이 만들었습니다. 이제 틀 C와 다시 비교합니다. 틀 C에는 내용 요약문을 질문으로 표현했습니다. 이 전략을 사용해보는 게 어떨까요?

⑥ 모델링하는 연구 보고서 세 개 중 두 개가 하단에 연구의 방향을 제시했습니다. 연구의 방향 제시가 필요하다는 생각이 듭니다. 그래서 이 부분을 재구성 보고서 양식(1차)에 반영하겠습니다.

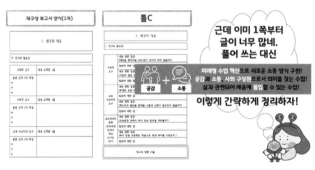

⑦ 다만, 이미 '연구의 필요성'에 글의 양이 너무 많습니다. 내용을 풀어쓰는 대신 간략하게 정리하는 것으로 결정했습니다.

⑧ ⑥, ⑦번에서 결정한 사항을 바탕으로 재구성 보고서 양식(2차)를 만듭니다. 연구 내용을 추가하며 내용에 맞게 양식을 조금씩 수정합니다.

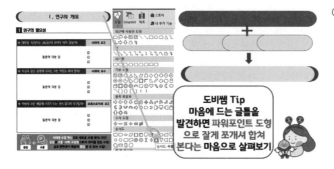

⑨ 가독성을 고려하며 연구 보고서를 꾸밉니다. 이때 파워포인트 도형을 활용해 만들거나 무료 디자인 사이트인 캔바를 활용할 수 있습니다.

도비쌤 Tip
마음에 드는 글틀을 발견하면 파워포인트 도형으로 잘게 쪼개서 합쳐 본다는 마음으로 살펴보기

## I. 연구의 개요

### 1 연구의 필요성

| ● 대안을 찾아가는 2022년이 되어야 하지 않을까? | 시대적 요구 |
|---|---|
| 질문에 대한 답 | ☑ ☑ ☑ |

| ● 지금과 같은 상황에 교사는 어떤 역할을 해야 할까? | 사회적 요구 |
|---|---|
| 질문에 대한 답 | ☑ ☑ ☑ |

| ● 학생의 모든 배움에 기초가 되는 것이 있다면 무엇일까? | 교육수요자의 요구 |
|---|---|
| 질문에 대한 답 | ☑ ☑ ☑ |

공감 + 소통
미래형 수업 혁신으로 새로운 소통 방식 구현!
공감과 소통, 사회 구성원으로서 의미를 찾는 수업!
삶과 관련되어 배움에 몰입할 수 있는 수업!

재구성 보고서 최종 양식

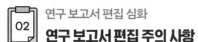

연구 보고서 편집 심화

## 02 연구 보고서 편집 주의 사항

### ① 저작권과 표절을 주의하자

　모든 연구대회에서는 연구자가 연구 윤리를 준수할 것을 강조합니다. 교육부는 「연구대회 관리에 관한 훈령(교육부훈령 제428호, 2023. 12. 30.)」 제21조(불공정행위의 관리 및 보고), 제22조(불공정행위의 제재)에 따라 연구대회 출품 과정에서 자유롭고 공정한 경쟁을 저해하는 표절, 대리작 등 불공정행위 시 엄격히 처벌합니다.

■ 2024년 수업혁신사례 연구대회 표절 기준

| 구분 | 개념 | 유형 |
|---|---|---|
| 표절 | 해당 분야의 일반 지식이 아닌 타인의 저작물 또는 아이디어를 적절한 출처 표시 없이 자기 것처럼 부당하게 사용한 행위 | • 이미 발표(게재)된 타인의 독창적인 아이디어나 저작물을 활용하면서 출처를 표기하지 않은 경우<br>• 출처 표시는 했지만 수업 개선 및 실천 방법의 핵심 아이디어가 타인의 작품과 일치하는 경우<br>• 연구 보고서의 구성과 형태가 본인 또는 타인의 저작물과 동일한 경우<br>• 타인의 저작물을 번역하여 활용하였으면서도 출처를 표기하지 않은 경우<br>• 재인용 표시를 해야 함에도 그렇게 하지 않고 직접 원문을 본 것처럼 1차 문헌에 대한 출처 표기를 한 경우 |
| 중복 게재 | 연구의 독창성을 해할 정도로 자신의 이전 저작물을 이후 자신의 저작물에서 부적절하게 사용하는 행위 | • 출처 표기를 하지 않고 자신의 이전 저작물(예: 연구학교 보고서, 다른 대회 출품작, 자신의 논문이나 보고서 등)을 활용한 경우<br>• 출처 표기를 하였다고 해도, 자신의 이전 저작물을 거의 그대로 제시한 경우 |
| 위조 | 존재하지 않는 데이터 또는 연구 결과 등을 허위로 만들어 내는 행위 | • 연구 결과를 허위로 제시하는 경우<br>• 설문조사, 실험 및 관찰 등에서 나타나지 않은 데이터를 실재한 것처럼 제시하는 경우<br>• 실험 등을 통해 얻은 자료의 통계학적인 유효성을 추가하기 위해 허구의 자료를 첨가하는 경우<br>• 연구계획서에 합치한다는 점을 보여주기 위해 연구 기록을 허위로 삽입하는 경우 |

| 구분 | 개념 | 유형 |
|------|------|------|
| 변조 | 연구 재료, 기기, 연구 과정(절차) 등을 인위적으로 조작하거나 데이터를 임의로 변형·삭제함으로써 연구 내용 또는 결과를 왜곡하는 행위 | • 연구 자료를 의도적으로 실제와 다르게 변경하는 경우<br>• 연구 자료의 통계 분석 결과 분명하지 않은 것을 고의 또는 중대한 과실로 그릇되게 설명하는 경우<br>• 통계학적 근거 없이 연구 자료들을 선택적으로 생략, 삭제, 은폐하는 경우<br>• 연구 자료를 과장, 축소 또는 변형함으로써 왜곡된 연구 결과를 도출하는 경우 |

○ **카피킬러 표절 검사** 결과에서 **표절률이 높게** 나온 경우
○ 다만, 표절률이 낮더라도 하더라도 **아래의 경우는 표절**로 인정
  - **교육과정 재구성 방식, 보고서 핵심 내용, 수업 사진, 학생 소감, 산출물** 등이 본인 또는 타인의 작품(저작물)과 **동일**하거나 유사한 경우

출처 :「2024 수업혁신사례 연구대회 운영 계획」 서울특별시교육청 교육연구정보원, 2024.

출처 : 카피킬러 홈페이지

연구 보고서를 작성할 때 쓰는 모든 폰트, 이미지, 아이콘 등 모든 자료의 저작권을 항상 확인해야 합니다. 또, 내가 작성한 연구 보고서가 다른 연구 보고서를 표절한 것은 아닌지 점검해야 합니다. 대부분의 연구대회에서는 '카피킬러(copykiller.com)'의 표절률을 표절 판단 기준으로 삼습니다. 많은 시·도교육청에서 카피킬러를 무료로 사용할 수 있도록 서비스하고 있으니[대체로 소속 교육청 교육포털에서 제공(예) 에듀랑, 서울교육포털 등)] 소속 교육청에 꼭 문의해보세요.

글을 쓰는 동안 스스로 표절 여부를 점검하는 방법도 있습니다. 일반적으로 6어절 이

상 동일 표현이 반복되면 표절로 간주합니다. 그래서 참고문헌을 활용할 때 '6어절 이상 동일 표현'을 쓰지 않도록 유의하면 의도치 않은 표절을 예방할 수 있습니다. 다만, 표절률이 낮더라도 교육과정 재구성 방식, 보고서 핵심 내용, 수업 사진, 학생 소감, 산출물 등이 본인 또는 타인의 작품과 동일하거나 유사한 경우도 표절로 판단합니다.

"작년에 입상하지 못한 연구 보고서를 수정해서 출품해도 될까요?"

강의에서 자주 나오는 질문입니다. 결론부터 말하자면 이론상 가능합니다. 입상하지 않았다면 연구 내용을 수정해서 출품해도 괜찮습니다. 하지만 그렇다고 작년 연구 내용을 그대로 출품하는 것은 연구 윤리에 맞지 않습니다. 연구 프로그램을 수정 보완하여 올해 함께하는 학생들을 대상으로 연구를 진행하는 것이 옳습니다.

### ② 연구대회 요강을 반드시 확인하자!

연구대회 참가를 결정했다면 연구대회 요강을 반드시 확인해야 합니다. 대회 요강에는 연구 목적, 주제, 형식 등이 명확히 나와 있습니다. 이를 확인하지 않으면 연구대회의 요구에 맞지 않는 연구 방향을 설정하거나, 연구 보고서에 꼭 들어가야 할 필수 항목이 누락될 수 있습니다.

한 가지 사례를 들어볼까요? 제 지인은 예전에 참가했던 연구대회의 보고서 양식을 새로 참가한 대회에서 썼다가 탈락한 적이 있습니다. 참가하는 대회 요강에서 제시하는 문서 설정을 하지 않기 때문입니다. 연구대회별 보고서 양식이 비슷하다고 생각해서 저지른 실수입니다. 비단 제 지인뿐만 아니라 유사한 사례가 연구대회에서 매우 많다고 합니다. 매해 연구대회 요강은 조금씩 달라집니다. 이미 알고 있다고 생각하지 말고, 최소 세 번 이상 연구대회 요강을 숙독해야 합니다.

아울러 연구대회 요강에서 제시하는 '평가 기준'을 반드시 확인해야 합니다. 심사위원들은 연구대회 요강에서 제시하는 '평가 기준'을 바탕으로 연구 보고서를 심사합니다. 연구대회가 요구하는 답이 A인데 내 연구 보고서가 B를 답하면 당연히 틀리겠죠?

반드시 평가 기준표를 바탕으로 연구 프로그램을 설계해야 합니다. 한 가지 팁은 평가 기준표를 출력, 컴퓨터 옆에 붙여두는 겁니다. 연구 프로그램을 설계하거나 연구 보고서를 작성하기 전에 읽어보고 시작하면 평가 기준에 어긋나지 않는 연구 진행이 가능합니다.

### ③ 공문서 작성법 기준대로 항목 표시하자!

연구 보고서에서 Ⅰ, Ⅱ, Ⅲ, 가), 나), 다)… 같은 항목을 표시하는 기준은 '공문서 작성법'입니다. 연구 보고서의 내용을 체계적으로 정리하고, 가독성을 높이는 것에 신경 써야 합니다. 그래서 연구 보고서를 작성할 때는 원칙적으로 공문서 작성법에 근거하여 아래와 같은 순서대로 항목을 표시해야 합니다.

■ 공문서 항목 표시법

| 대항목 | Ⅰ, Ⅱ, Ⅲ 등 로마 숫자를 사용하여 주요 내용을 구분합니다. |
|---|---|
| 중항목 | 1, 2, 3 등 아라비아 숫자를 사용하여 대항목의 하위 내용을 표시합니다. |
| 소항목 | 가), 나), 다) 등 한글 괄호를 사용하여 중항목의 세부 내용을 나눕니다. |
| 세부 항목 | (1), (2), (3) 등 숫자 괄호를 사용하여 소항목의 구체적인 내용을 나눕니다. |
| 추가 항목 | ①, ②, ③ 등 원형 숫자를 활용하여 더 세부적인 내용을 표시합니다. |

연구 보고서 편집 심화
## 03 연구 보고서 작성 순서

연구 보고서를 쓰다가 서론과 결론의 방향이 달라져 고민이었던 적 있으신가요? 연구 보고서를 작성하다 보면 더 좋은 표현, 더 참신한 수업 아이디어가 떠오릅니다. 그래서 이리저리 아이디어를 덧붙이다 보니 서론과 결론이 맞지 않게 됩니다. 이러한 상황을 예방하기 위해 저는 연구 보고서를 작성할 때 '서론-본론-결론' 순이 아닌, '본론-결론-서론' 순으로 작성하길 권합니다. 이유는 두 가지입니다.

보고서 작성 순서 (도바쌤 기준)

01. 실천과제 1, 2, 3 작성하기 (부록 수업 일지 연계)
02. 결과 분석, 결론 및 제언 작성하기
03. 실태조사&연구의 계획 작성하기
04. 연구의 필요성, 목적 작성하기
05. 요약서 작성하기
06. 목차 작성하기
07. 보고서 표지 작성하기

첫째, 일관된 논리 흐름을 유지하기 위해서입니다. 연구 프로그램인 실천과제를 먼저 작성한 다음 실천과제에서 얻은 결과를 결론 및 제언에 작성합니다. 그 후에 본론과 결론 내용을 바탕으로 연구의 필요성, 연구의 목적을 쓰면 논리 흐름의 일관성을 유지할 수 있습니다. 저는 위의 표와 같이 '실천과제 선정 → 결과 분석, 결론 및 제언 → 실태 조사 → 연구의 계획 → 연구의 필요성 → 연구의 목적' 순으로 작성하는 편입니다. 연구 보고서 본문의 내용이 체계가 잡히면 연구 내용의 핵심을 정리하여 요약서를 작성합니다. 목차와 보고서 표지는 나중에 만들어도 괜찮습니다.

둘째, 연구의 필요성과 연구 목적을 가장 정선된 언어로 쓰기 위해서입니다. 글은 쓸수록 실력이 는다고 하죠. 연구 보고서 작성도 똑같습니다. 저는 연구에 관한 연구자의 언어가 가장 정선精選됐을 때, 연구 보고서에서 가장 중요한 부분인 연구의 필요성 및 연구 목적을 작성하는 편입니다. 본론과 결론을 먼저 작성한 뒤, 연구의 필요성과 목적을 작성하면 명확하고 정제된 언어로 연구 내용을 표현할 수 있습니다. 이러한 방식은 보고서의 논리적 흐름을 유지하면서도, 서론 부분에 높은 완성도를 부여하는 데 큰 도움이 됩니다.

그래서 저는 보고서를 작성할 때는 '본론-결론-서론' 순으로 접근할 것을 권합니다. 연구 내용을 체계적으로 정리하고 명확히 표현하는 데 효과적이기 때문입니다.

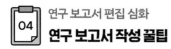

### ① 사진 편집 방법

연구 보고서에 사진을 넣을 때는 네 가지 유의점이 있습니다. 첫째, 사진은 삽입 후 회색조로 전환합니다. 교육자료전을 제외한 대부분의 연구대회는 연구 보고서를 흑백으로 출력, 제출합니다(대회마다 차이가 있으니 대회 요강을 꼭 확인합니다). 사진을 회색조로 전환하지 않고 흑백으로 출력하면 사진이 새카맣게 나오기도 합니다. 이 경우 사진 속 활동이 제대로 보이지 않습니다. 한글에서 [그림 클릭]-[오른쪽 마우스]-[개체 속성]-[그림]-[그림 효과]-[회색조]를 클릭하면 사진을 회색조로 전환할 수 있습니다.

둘째, 학생 개인 신상이 드러나지 않도록 합니다. 학습지 상단이나 작품 하단의 학생 이름을 깜박하고 지우지 않는 경우가 간혹 있습니다. 이 경우는 감점 대상이기 때문에 연구 보고서를 검토할 때 꼼꼼하게 확인합니다. 더불어 개인정보보호를 위해 사진에 학생 얼굴이 나오지 않도록 합니다. 그림 편집 프로그램으로 얼굴을 블러 처리하거나 파워포인트의 [삽입] - [도형]에서 스마일 모양을 찾아 학생 얼굴에 붙이면 됩니다. 단, 학생 얼굴은 살짝만 가리면 됩니다. 너무 크게 블러 처리하거나, 스마일 모양을 붙이지는 않습니다.

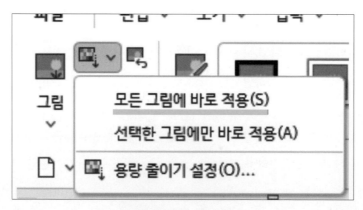

한글 - '사진 용량 줄이기' 기능

셋째, 사진 용량 줄이기 기능을 사용합니다. 연구 보고서의 사진 용량이 커지면 보고서를 편집할 때 오류가 발생할 확률이 높아집니다. 자칫 잘못하면 작성했던 한글 파일 자체에 오류가 생겨 쓰지 못하는 상황이 생길 수도 있습니다. 이런 문제를 예방하기 위해 보고서 한쪽을 다 작성하고 나면 '사진 용량 줄이기' 기능을 사용해 사진 용량을 줄여줍니다.

넷째, 사진을 넣을 때는 사진에 관해 간단한 설명 한 줄이나 사진 제목을 붙여줍니다. 연구자는 삽입한 사진이 무슨 활동인지 압니다. 하지만 심사위원들은 모릅니다. 심사위원들이 제시된 사진이 무엇인지 알 수 있게 사진에 관한 설명이나 제목을 꼭 작성합니다.

### ② 영상 용량 관리 방법

연구의 특색 활동, 자료를 영상으로 제시하고 싶을 때 네이버 QR코드를 사용하면 됩니다. 다만, 네이버 QR코드는 영상 용량에 제한이 있습니다. 그래서 영상 자료를 업로드할 때는 영상 용량을 줄이거나, 유튜브 비공개 계정에 영상을 업로드한 후 링크를 첨부하는 방식을 사용합니다.

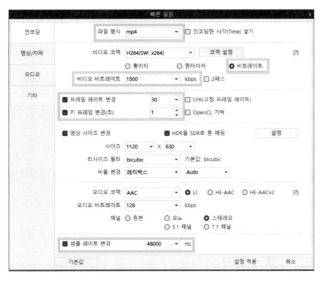

샤나 인코더 – '인코딩' 기능으로 영상 용량 줄이기

만약 영상 용량을 줄여서 QR코드에 삽입하고 싶다면 네이버에서 '샤나 인코더 (shana.pe.kr/shanaencoder_download)'를 다운로드하여 사용해보세요. 그림과 같이 설정을 마친 후 샤나 인코더에 영상을 업로드합니다. 하단 '인코딩' 버튼을 클릭하면 영상이 인코딩됩니다. 인코딩을 마치면 20분 분량의 영상이 약 300MB 정도의 용량이 됩니다.

### ③ 연구 보고서 저장 방법

연구 보고서에는 이미지와 텍스트가 많이 들어갑니다. 그래서 연구 보고서 작성 말미에는 파일이 버벅거리거나 오류가 생기는 경우가 많습니다. 심하면 파일 자체를 못 쓰게 될 수도 있습니다.

이런 문제를 예방하기 위해 연구 보고서를 작성할 때는 반드시 보고서 영역별로 나눠 작성, 파일로 저장해야 합니다. 보고서 영역별로 나눠서 작성하면 오류 발생이 줄어들 뿐만 아니라 편집 속도도 빨라집니다. 전 영역을 모두 작성하고 나면 한글 [입력]-[문서 끼워넣기] 기능을 이용해 파일을 합치면 됩니다.

■ 도비쌤의 파일 저장 기준

| | |
|---|---|
| ① 표지 & 목차 | ⑤ 실천과제 3 |
| ② 실태 조사 & 연구 계획 | ⑥ 결과 분석 & 결론 및 제언 |
| ③ 실천과제 1 | ⑦ 연구의 필요성 및 연구 목적 |
| ④ 실천과제 2 | ⑧ 요약서 |

# 연구대회 꿀팁 모음

# 시기별 연구 활동

연구대회에 참가하기로 했지만, 준비할 것이 많다 보니 무엇부터 시작해야 할지 잘 모르 겠어요. 시기별로 어떤 활동을 해야 하는지, 중간 점검이나 자료 준비는 언제쯤, 어떤 방 식으로 진행하면 좋을지 궁금해요. 또, 연구 초보자가 연구를 진행하며 자주 겪는 어려움 이나 이를 해결할 수 있는 팁이 있다면 알려주세요!

시기별 연구 활동
## 01 시기별 연구 활동 단계

　연구대회 요강은 대회별로 다소 차이가 있으나 대체로 2월 말에서 3월 초에 업무포털 의 [문서등록대장]에서 확인할 수 있습니다. 연구대회 요강을 읽을 때 가장 먼저 해야 할 일은 연구대회 추진 일정 및 주요 활동을 점검하는 것입니다. 대회 요강을 읽어보면 각 시기별로 어떤 활동을 해야 하는지, 어떤 서류를 제출해야 하는지 등을 확인할 수 있 습니다. 대회별로 세부 추진 일정 및 활동의 차이는 있으나, 저는 시기별 연구 활동 단계 를 아래와 같이 8단계로 구분합니다.

■ 도비쌤의 시기별 연구 활동 단계 구분

| ① 연구 준비기 | ⑤ 2학기 연구 프로그램 운영 |
|---|---|
| ② 연구 계획서 제출 | ⑥ 2차 연구 보고서 제출 및 현장 심사 |
| ③ 1학기 연구 프로그램 운영 | ⑦ 전국대회 참가 |
| ④ 1차 연구 보고서 제출(지역 예선) | ⑧ 최종 결과 발표 |

대회 요강을 읽을 때 가장 먼저 해야 할 일은 시기별로 어떤 일을 해야 하는지 목록으로 정리하고, 연구 활동 계획표를 연간, 월간으로 만드는 것입니다. 달력, 캘린더 앱을 활용해도 좋고, 아래 그림처럼 표로 정리해도 됩니다.

■ 시기별 연구 활동(2024년 수업혁신사례 연구대회 기준)

| ① 연구 준비기 | 연구 진행기 (3~10월) | | | | | | ⑧ 최종 결과 발표 |
|---|---|---|---|---|---|---|---|
| | ② 계획서 제출 | ③ 연구 프로그램 운영 | ④ 1차 보고서 제출 (지역 예선) | ⑤ 연구 프로그램 운영 | ⑥ 현장 심사 (면접 및 수업 시연) | ⑦ 전국 대회 참가 | |
| 1~3월 | 2월 말 ~ 3월 말 | 3~7월 | 8월 | 9월 | 9월 | 10월 초 | 12월 |

지면에 모든 연구대회의 세부 일정을 설명할 수 없으므로, 2024년 수업혁신사례 연구대회 세부 일정을 기준으로 시기별 연구 활동 단계를 설명하도록 하겠습니다.

시기별 연구 활동
## 02 연구 준비기: 1~3월

연구 준비기에 가장 먼저 해야 할 일은 참가할 연구대회를 결정하는 것입니다. 참가할 연구대회를 결정했다면 에듀넷-티클리어에서 최근 3년 동안의 전국 1등급 입상작 연구 보고서를 연도별로 최소 두세 개씩 찾아 분석합니다. 연구 보고서는 PDF 파일로 읽기보다 흑백으로 출력, 제본하여 두 번 이상 읽기를 권합니다.

연구 보고서를 분석할 때는 연구 주제, 핵심 키워드, 연구 목적, 관련 이론(핵심 이론), 활용한 설문지, 실천과제, 참고문헌을 개괄식으로 정리합니다. 그다음 연구 보고서의 장단점과 내 연구에 활용할 만한 아이디어를 기록하고, 자주 언급되는 교육 트렌드 키워드를 정리해둡니다. 참고 연구 보고서를 모두 읽은 다음에 내 연구에 실제적으로 활용할 연구 보고서를 두세 개 뽑습니다.

연구 트렌드를 파악한 후에 연구 주제를 설정하고, 필요한 주요 연구 프로그램, 학습 전략/활동 단계를 만듭니다. 주요 연구 프로그램을 구안할 때는 연구 프로그램-교육과정의 유기적 연계를 위해 교육과정 총론, 연구 관련 교과 교육과정, 교과별 지도서 앞부분, 각론 부분을 숙독합니다. 만약 교과 간 연계 프로그램을 만들고자 한다면 다른 교과의 내용도 함께 확인합니다. 나의 연구에 필요한 사항들이 있다면 별도로 정리하고, 하고 싶은 연구 활동을 틈틈이 기록합니다. 어느 정도 연구 프로그램이 기획됐다면 각각의 연구 프로그램을 어느 시기에 진행할 것인지 시기별로 배치합니다.

### ■ 연구 프로그램 안내 및 개인정보 수집 및 이용 동의서 양식(예시)[QR]

연구 프로그램 안내 양식(예시)　　　개인정보 수집 이용 동의서 양식(예시)

연구 프로그램에 활용할 활동 자료도 수집해야 합니다. 인디스쿨, 참쌤스쿨, 블로그, SNS(핀터레스트, 인스타그램, 블로그, 유튜브 등), 관련 도서 등 다양한 매체를 이용하면 양질의 활동 자료를 찾을 수 있습니다. 연구에 필요한 자료는 목록화하여 폴더에 출처와 함께 정리합니다. 또한, 연구 프로그램 안내 자료, 개인정보 수집 및 이용 동의서, 학습지, 설문지 양식을 미리 만들어두는 것이 좋습니다. 연구 프로그램 안내 자료는 가정통신문 형식으로 3월 초에 학생, 학부모에게 바로 안내할 수 있도록 준비합니다 [QR]. 연구 프로그램 안내 자료는 연구 주제 일반화를 위한 홍보 자료, 현장 심사를 위한 증빙 자료로도 활용 가능합니다.

**잇다(교원전용디지털콘텐츠 플랫폼)**

이 시기에 학습지 양식을 만들어 두는 것도 학기 중 연구 프로그램 운영에 큰 도움이 됩니다. 학습지 양식을 만드는 간단한 팁을 몇 가지 알려 드립니다. 첫째, 제목은 최대한 눈에 띄도록 해야 합니다. 제목의 크기가 작으면 연구 보고서에 학습지 스캔본을 넣었을 때 제목이 제대로 보이지 않습니다. 가독성을 위해서라도 제목은 한글 기준 15pt 이상으로 지정하세요. 둘째, 학습지 하단에는 학생 소감이나 학생 평가 부분을 넣으세요. 이렇게 해 두면 학생 소감을 수업이 끝나고 바로 받을 수 있을 뿐만 아니라 과정중심평가 항목의 참고 자료로 함께 활용할 수 있습니다. 셋째, 줄공책 형식으로 활동지를 만들 때는 학년별 특성을 고려해 줄 간격을 지정합니다. 저학년은 10~12mm, 중학년 이후는

9mm, 중학생부터는 8mm로 줄 간격을 지정하면 학생들이 학습지에 필기하기 편리합니다. 넷째, 학습지 꾸밈 아이콘의 경우 교원전용디지털콘텐츠플랫폼 잇다(http://itda.edunet.net)의 공유 마당 자료를 활용합니다. 공유 마당에는 아이콘뿐만 아니라 다양한 사진, 영상, 소리 자료가 탑재되어 있습니다. 수업 자료를 개발할 때 참고하면 큰 도움이 됩니다.

여유가 된다면 교사 전문성 향상을 위해 연구 주제와 관련된 연수를 미리 이수하거나 관련 도서를 읽어보는 것도 좋습니다. RISS에서 연구 관련 논문을 찾아보는 것은 연구 아이디어 수집과 핵심 이론 설정에 큰 도움이 됩니다. 논문을 검색할 때는 연구의 최신성과 공신력 확보를 위해 최근 5년 이내의, 적어도 박사 학위 이상의 논문을 봐야 합니다. 또 논문을 읽으면서 연구에 참고할 내용, 내가 인용할 부분을 체크하여 나의 연구와 어떻게 연결 지을 것인가를 고민합니다.

이밖에 학기 시작 전에 미리 준비하면 좋을 것이 세 가지 있습니다. 첫째, 나만의 백업 시스템을 만드는 것입니다. 연구 보고서 작성의 핵심은 시간 확보입니다. 그래서 언제 어디서든 연구 보고서를 작성할 수 있는 환경을 구축하는 것이 필요합니다. USB, 클라우드, 네이버 카페 블로그 등을 활용해 연구 보고서 백업 시스템을 만들어두세요. 다만, 여러 컴퓨터를 사용하면 한글 파일을 여닫는 과정에서 파일에 오류가 발생할 수 있습니다. 연구 보고서를 작성할 때는 한두 대의 컴퓨터를 활용할 것을 추천합니다.

둘째, 스캐너와 네임펜을 구비합니다. 스캐너를 준비해야 한다고 해서 별도로 구입할 필요는 없습니다. 스캐너 애플리케이션을 설치하는 것만으로 충분합니다. Cam Scanner, Scan Hero 등 애플리케이션을 사용하면 스캐너를 구입할 필요 없이 양질의 스캔 파일을 얻을 수 있습니다. 활동 결과물이 글인 경우에는 네임펜을 활용합니다. 연필로 적은 글씨는 스캔했을 때 글자가 잘 보이지 않습니다. 학년 초에 학급 운영비로 네임펜을 구입하면 사비를 들이지 않아도 됩니다. 활동 결과물이 우수한 학생들에게 네임펜으로 활동지의 글씨를 덧쓰게 하고, 스캔하면 글자가 선명하게 보입니다.

셋째, 듀얼 모니터와 성능 좋은 컴퓨터입니다. 연구 보고서를 작성할 때는 동시에 여러 파일을 열어 확인해야 합니다. 파일을 자주 여닫는 것은 작업 속도를 저해합니다. 최소 24인치 이상의 중고 모니터와 성능 좋은 컴퓨터가 있으면 작업 속도를 높이는 데 도움이 됩니다.

시기별 연구 활동
## 연구 계획서 제출: 3~4월

연구 계획서를 잘 작성하면 1년이 편합니다. 그래서 연구 계획서를 잘 작성하는 것이 좋습니다. 물론 연구 계획서 작성을 부담스럽게 생각할 필요는 없습니다. 잘 작성하면 '좋다'는 것이지, 잘 작성하지 못하더라도 연구 활동에는 전혀 문제가 없습니다. 연구 계획서는 그저 '계획'일 뿐입니다. 무조건 연구 계획서대로 연구를 진행할 필요는 없습니다. 대부분의 연구대회에서 연구 계획서는 제출에 의의가 있지 심사를 통해 연구대회 참가 여부를 결정하진 않습니다. 다만, 교육자료전과 같이 연구 예산을 제공하는 연구대회의 경우 연구 계획서를 잘 작성해야 합니다. 연구 계획서가 통과되지 않으면 대회 참가 자체가 불가능하기 때문입니다.

시기별 연구 활동
## 1학기 연구 프로그램 운영: 3~8월

### ① 3월에 꼭 해야 할 일
3월이 되면 학생, 학부모에게 1년 동안 운영할 연구 프로그램을 안내합니다. 학생들에게는 3월 학급 소개 시간에 연구 프로그램을 함께 소개하면 좋습니다. 학부모 안내 자료는 '연구 준비기'에 만들어둔 가정 통신문을 활용하면 됩니다. 가정 통신문을 발송할 때는 교장, 교감 선생님께 미리 검토받고, 민원 소지가 없는지 점검합니다. 현장 심사의 증빙 자료로 활용할 수 있도록 가정 통신문 발송 기안을 함께 작성해둡니다.

3월 2~3주쯤 학생 실태 조사를 실시합니다. 만약 연구에 학부모 실태 조사 결과도 필요하다면 연구 프로그램 안내 가정 통신문을 보낼 때 함께 보내면 가정의 협조를 구하기 좋습니다. 설문을 진행할 때는 학생들이 진지한 자세로 설문에 임할 수 있도록 분위기를 조성하는 것이 중요합니다. 아무런 사전 설명 없이 설문을 실시하면 학생들이 설문지를 대충 작성할 가능성이 높기 때문입니다. 저는 주로 이렇게 말합니다.

"선생님은 지금 하는 설문 결과를 바탕으로 1년 동안 우리 친구들과 함께 할 활동을 만들 생각이에요. 여러분이 열심히 설문지를 작성하지 않으면 선생님은 여러분의 생각을 수업 활동에 반영할 수 없어요. 행복한 1년을 함께 만들기 위해 설문지를 찬찬히 읽고, 신중하게 작성해줬으면 좋겠어요."

설문을 완료한 후에 설문지는 절대로 버리지 않습니다. 이 자체가 연구 증빙 자료이기 때문입니다. 설문지는 현장 심사 증빙 자료로 활용할 수 있도록 미리 파일철하여 정리합니다.

## ② 3~8월에 해야 할 일

3~8월은 연구 프로그램을 실제적으로 운영하는 시기입니다. 활동을 진행할 때 최대한 활동사진을 많이 찍고, 활동 당일 사진 파일을 활동 단계별로 폴더에 정리합니다. 활동 종료 후 활동 결과물은 버리지 말고 연구 프로그램별로 묶어서 파일철해두면 현장 심사 준비 때 여유롭게 심사를 준비할 수 있습니다.

이 시기에 꼭 해야 할 일은 '연구 보고서 작성'입니다. 저는 주중에는 연구 프로그램을 충실히 운영하고, 자료를 정리하며, 덩어리 시간을 확보할 수 있는 주말에 연구 보고서를 작성하는 것을 추천합니다. 최소 보고서 제출 한 달 전에 1차 연구 보고서 작성이 완료되어야 충분한 피드백을 받고, 연구 보고서를 수정·보완할 시간을 확보할 수 있습니다.

수업혁신사례 연구대회에 참가할 경우 교수·학습과정안을 꼭 작성해야 합니다. 수업혁신사례 연구대회는 다른 대회와 달리 수업 심사를 거치기 때문입니다. 1, 2학기 교육 과정에서 수업 심사 기준에 적합한 부분을 미리 골라두면 나중에 교수·학습과정안을 작성할 때 매우 편리합니다.

**시기별 연구 활동**
## 1차 연구 보고서 제출: 8~9월

연구 보고서 제출 한 달 전은 '연구 보고서 검토·수정·보완'의 시기입니다. 저는 최소 세 명 이상에게 연구 보고서를 검토받길 권합니다. 그렇다고 아무에게나 연구 보고서 검토를 요청하면 안 됩니다. 연구 보고서 검토를 요청할 때는 상대가 연구 경험이 어느 정도 있는지 생각해봐야 합니다. 연구 점수가 승진과 관련 있기 때문에 주로 교장, 교감 선생님이 연구 경험이 풍부한 편입니다. 저는 교감 선생님을 추천하는 편입니다. 아무래도 교장 선생님은 연구 보고서 검토를 요청하기에 조금 부담스러운 대상이고, 교감 선생님 업무에는 교원 연구 지도가 있기 때문입니다. 젊은 나이에 교감 선생님이 된 분들은 연구 실적이 우수한 경우가 많습니다. 주변에 이런 분들이 계시면 꼭 부탁해보세요.

"전 그래도 교장, 교감 선생님께 연구 보고서 검토를 부탁드리기 부담스러운데요!"

물론 이렇게 말씀하는 분들도 계십니다. 하지만 생각해보세요. 어차피 연구 보고서를 제출할 때 교장, 교감 선생님이 내가 작성한 연구 보고서를 볼 수밖에 없습니다. 보수적인 지역에서는 연구 보고서를 제출할 때 제본한 연구 보고서를 교장, 교감 선생님께 한 부씩 드리는 것이 암묵적인 예의(?)이기도 합니다. 교장, 교감 선생님이 검토를 거절하시는 경우가 아니라면 처음부터 제대로 조언을 구하는 게 낫지 않을까요?

만약 학교에 연구 보고서를 검토해줄 수 있는 분을 도저히 찾을 수 없다면 교육청에서 운영하는 수업 컨설팅 프로그램을 활용하는 것도 방법입니다. 많은 시·도교육청에서 교원의 수업 역량 강화를 위해 수업 컨설팅 프로그램을 운영하고 있습니다. 문서등록대장을 잘 확인하고 수업 컨설팅 프로그램 신청 건이 있다면 신청해보세요. 수업 컨설팅 프로그램에 참여하는 인력풀은 대체로 우수한 연구 경력을 가지고 있기 때문에 연구 보고서 검토를 요청할 만합니다. 컨설팅을 받는 시기는 연구 보고서 제출 2~3주 전이 좋습니다.

연구 보고서를 검토받을 때는 연구 보고서 기본 형식에 집중하는 스타일과 연구 내용에 집중하는 스타일 모두에게 검토받는 것이 좋습니다. 내 연구 보고서가 어떤 스타일의 심사위원의 손에 들어갈지 모르기 때문입니다.

■ 도비쌤의 연구 보고서 검토 요청 대상 조건

① 연구 보고서 작성 경험이 풍부한 사람
② 수업 연구에 대한 경험이 풍부한 사람
③ 연구대회 심사위원으로 나간 적이 있는 사람
④ 교장, 교감 선생님, 교무부장, 연구부장, 수석교사

시기별 연구 활동
## 2학기 연구 프로그램 운영: 9월

연구 보고서를 제출하고 나면 연구자는 아래와 같은 딜레마에 빠질 수 있습니다.

"연구 프로그램을 계속 운영할 것인가? 운영하지 않을 것인가?"

2학기 연구 프로그램을 열심히 운영해도 예선 결과가 '탈락'이라면 연구자로서는 김이 빠질 수밖에 없습니다. 하지만 결과는 나오기 전까지 아무도 모릅니다. 보고서를 검토해준 사람들이 연구에 대해 긍정적인 반응을 보였다면 예선 결과가 발표되기 전까지

2학기 연구 프로그램을 최소 한두 개 정도 운영하고, 운영 결과를 정리해두는 것이 좋습니다.

■ 연구 보고서 심사 방식

지역별로, 대회별로 연구 보고서 심사 방식은 각기 다릅니다. 제가 알려드리는 내용이 절대적인 것은 아니니 참고만 하시길 바랍니다.

① 연구 보고서 심사는 2단계로 나눠 이루어짐.
② 실제 연구 보고서 1단계 심사 시간은 5~10분이 걸리지 않음. 대신 서너 명이 팀을 이루어 심사를 진행함. 그래서 수준 미달의 연구 보고서가 입상하거나 우수 보고서가 탈락하는 경우는 거의 없음.
③ 연구 보고서가 1단계 심사를 통과하면 2단계 심사에서 정밀하게 심사를 진행.
④ 현장 심사가 포함되는 대회의 경우 면접을 포함하여 점수를 처리함.
⑤ 대체로 1.2~2배수를 1등급 예정작으로 간주하여 면접을 진행함.
⑥ 심사위원은 주로 담당 연구사, 장학사, 혹은 교수, 관리자(교장, 교감), 해당 분야 연구로 유명한 교사들로 구성됨.
⑦ 심사위원마다 보는 관점(형식/내용 중시)이 조금씩 다르다는 점은 참고할 것.

 시기별 연구 활동
**07 현장 심사: 9~10월**

### ① 수업혁신사례 연구대회/인성교육 실천사례 연구발표대회

연구 보고서가 1차 심사를 통과하면 2차 심사를 진행합니다. 2차 심사는 현장 심사와 수업 동영상 심사로 구분할 수 있습니다(지역마다 운영 방식이 다를 수 있음). 제가 속한 지역에서는 1차 심사에서 지역 1등급 입상 예정자들을 대상으로 수업 참관과 면접을 함께 진행하는 것을 현장 심사라고 합니다. 현장 심사 대상자가 되면 연구 보고서, 교수·학습과정안, 심사 불가 일정을 업무포털 [자료 집계]로 제출합니다. 심사 불가 일정을 제출할 때는 교장, 교감 선생님과 먼저 상의하는 것이 좋습니다. 학교 입장에서는 현장 심사가 학교의 중요 행사입니다. 그래서 학사 일정을 고려해 심사 불가 일정을 결정해야 합니다. 또, 현장 심사와 관련하여 교장, 교감 선생님, 교무부장, 연구부장에게 도움을 구할 수 있는 부분을 도움을 구하는 것이 좋습니다.

교수·학습과정안은 2학기 교수·학습과정안을 세안 형식으로 다시 작성하여 제출합니다. 세안 양식은 별도 지정된 것이 없습니다. 소속 학교에서 쓰는 세안 형식을 써도 되고, 본인 연구 내용에 맞게 직접 만들어도 됩니다. 세안을 작성할 때는 수업 심사 기준안을 반드시 참고해야 합니다. 수업 심사에서 요구하는 조건들을 충족해야 높은 점수를 받을 수 있기 때문입니다.

수업 참관 준비를 할 때는 우선, 카메라 세팅을 준비해야 합니다. 수업 참관 심사를 받을 때 수업 동영상도 함께 촬영해야 하기 때문입니다(물론 수업 동영상을 따로 촬영해도 되지만 똑같은 활동을 반복해야 하는 학생들의 입장도 고려해야겠지요?). 카메라는 교사-학생 활동이 잘 보이는 곳에 설치합니다. 대회 규정상 카메라 위치 이동은 불가능하기 때문입니다. 다만, 촬영 중에 클로즈업 기능은 사용 가능합니다.

카메라 촬영을 할 때는 반드시 학생 자리 배치를 고민해야 합니다. 모두가 알다시피 학생들 모두 저마다의 장점과 능력이 있습니다. 클로즈업해서 담을 수 있는 반경에 활동별 특색을 잘 보여줄 수 있는 학생들을 배치해야 합니다. 또 맨 뒷자리는 심사위원들이 학생 활동을 관찰하는 범위이기 때문에 수업 태도가 우수하거나, 활동에 적극적인 학생들을 배치합니다.

제가 속한 교육청에서는 수업 참관 일정에 맞춰 교육정보원에서 수업을 촬영해줍니다. 소속 교육청에서 수업 촬영을 지원해주는지 확인하고, 가능하다면 지원받는 것이 좋습니다. 만약 교육청에서 수업 촬영을 지원해주지 않는다면 동료 선생님께 부탁하거나 혼자 촬영하는 편이 낫습니다. 교무 실무원, 전산 실무원과 같은 비교사는 수업의 핵심 포인트를 잘 잡아내질 못하고, 수동적으로 촬영할 가능성이 높기 때문입니다. 수업 촬영을 부탁할 때는 촬영 담당자에게 어디에 카메라를 설치할 것인지, 어떤 활동에서, 어떤 학생들을 초점으로 클로즈업하여 촬영할 것인지 등 연구대회 규정에서 제시한 촬영 방법에 관해 설명해줘야 합니다. 수업 참관 심사 때 촬영한 수업 동영상은 전국대회 제출용이기도 하니, 한 번 찍을 때 잘 찍을 수 있도록 준비해야 합니다.

대회 규정상 수업 동영상 원본과 15분 분량의 수업 요약 동영상을 함께 준비해야 합니다. 수업 요약 동영상을 편집하느라 원본 파일을 훼손하지 않도록 원본 파일은 따로 보관합니다. 또, 수업 영상 편집을 할 때는 대회 규정(수업 동영상 심사기준 및 평가 내용)을 꼭 참고해야 합니다. 기준에 맞지 않는 편집은 감점 대상이기 때문입니다. 영상 편집은 뱁믹스, 곰믹스, VLLO, 캡컷과 같은 프로그램을 활용하면 됩니다. 15분 수업 영상을 편집할 때는 수업의 특징을 잘 보여줄 수 있는 부분을 선정하고, 수업 단계/학습전략, 핵심 활동, 참관 관점 등 수업 이해에 도움이 될 만한 정보를 화면 하단에 자막 처리합니다. 수업 동영상에서 심사위원의 시선을 확실하게 끌 만한 것은 자막입니다. 그래서 자막으로 내 수업의 강점을 확실하게 표현하는 것이 필요합니다. 대전교육포털 에듀랑에 접속하여 [교수학습지원센터]-[교원연구지원]-[우수수업동영상]을 참고하여 촬영 전략과 편집 방법을 고민해 보세요.

■ **동영상 촬영/편집 참고 자료**(에듀랑-우수수업동영상)

> ① 2023 전국 1등급 입상작 : 과학과-노*선
> ② 2024 전국 1등급 입상작 : 사회과-하*수, 수학과-김*연, 국어-최*정

둘째, 참관 자리를 마련합니다. 전체 학생들의 활동이 잘 보이는 교실 뒤쪽에 참관 자리를 준비하면 됩니다. 수평이 맞는 책걸상 두세 개를 준비하되(길이가 긴 책상이라면 하나로도 가능) 책상이 지저분하다면 융 천을 깔아둡니다(융 천은 교무실이나 강당에 많습니다). 책상 위에는 교수·학습과정안 및 활동지, 필기구, 교과서 및 지도서를 배치합니다. 필기구는 작은 펜 트레이나 연필꽂이에 정리하는 것이 깔끔합니다. 참관을 너무 부담스러워할 필요는 없습니다. 심사위원들은 수업에 방해되지 않게 조용히 수업을 살펴보다 면접 장소로 이동합니다. 그러니 준비한 수업 자체를 잘 진행하면 됩니다.

면접 준비를 할 때는 연구물 포트폴리오 전시를 준비합니다. 연구물 포트폴리오 전시는 교감 선생님이나 연구부장과 상의하여 교내 회의실과 같은 별도 장소에 마련합니다. 이곳에서 면접도 함께 진행하면 됩니다.

포트폴리오를 만들 때는 두꺼운 O링(D링) 파일에 연구 결과물을 연구 보고서 목차 순으로 정리하면 됩니다. 학생 작품 중에 잘 된 작품이 있다면 연구 프로그램별로 두세 개 정도 모아 함께 전시해도 괜찮습니다. 만약 면접 심사 기준에 '주제 관련 교내 교원 대상 연수 및 수업 공개 3회 이상', '연구 주제 일반화를 위한 홍보 5회 이상'과 같은 기준이 있다면 이를 증빙할 수 있는 자료도 함께 준비해야 합니다. 때때로 심사위원이 관련 기안을 증거 자료로 요구할 수 있으므로 평소 면접 심사 기준과 관련된 자료를 잘 정리하고, 기안해야 할 것은 기안해둬야 합니다. 면접 장소에 대기하는 동안 심사위원들이 연구의 전체적인 흐름을 알 수 있도록 연구를 소개하는 동영상을 작은 TV나 노트북, 태블릿으로 재생하는 것도 방법입니다.

면접은 방과 후에 연구물 포트폴리오 전시 공간에서 진행하면 됩니다. 심사위원은 보통 장학사/연구사 한 명과 두세 명의 교장, 교감 선생님으로 구성됩니다(때때로 해당 분야에서 유명한 교사가 심사위원으로 참가하기도 합니다). 심사위원들은 '자신의 연구에 대해 간단히 설명하세요.', '다른 연구와 차별화되는 특별한 점은 무엇인가요?', '가장 기억에 남는 수업이나 일화는 무엇인가요?', '연구를 진행하며 어려웠던 점은 없었나요?' 등 연구 전반에 관한 질문을 주로 합니다. 그래서 연구자는 면접 대비를 위해 연구 보고서의 전반적인 내용을 숙지하는 것은 물론, 간결하게 자신의 연구를 설명하는 연습을 해야 합니다. 또 심사위원들과 대면할 때 심사위원을 두루 살펴야 합니다. 특정 한 명만 바라보면 안 된다는 뜻입니다. 만약 긴장된다면 솔직하게 '아, 정말 떨립니다!'나 '가슴이 엄청 콩닥콩닥해요!'라고 말해도 됩니다. 약간의 솔직함은 딱딱한 면접 분위기를 말랑하게 만들어주는 힘이 있거든요.

간혹 못마땅한 표정으로 날 선 질문을 하거나, 내 연구를 비판하는 심사위원도 있습니다(제 경험상 서너 명 중 꼭 한 명은 그렇습니다). 이런 분들은 대체로 연구의 부족한 점이나 연구자의 성찰, 후속 연구 방향, 연구의 일반화 전략을 집중적으로 묻습니다. 이때 울컥해서 화를 내거나, 이의를 제기하면 안 됩니다. 그렇게 하는 순간 괘씸죄로 탈락할 수 있기 때문입니다. 저는 이와 같은 상황이 발생했을 때 방긋방긋 웃으며 아래와 같이 말하는 편입니다.

"아, 그럴 수도 있군요!

제가 이쪽 분야 연구는 처음이라 잘 몰랐습니다.

제 연구에 보강해야 할 부분을 짚어주셔서 감사합니다.

내년에 연구할 때 이 부분을 꼭 반영하겠습니다!"

지적을 받았을 때 이의를 제기하지 않고 다음 해에 꼭 반영하겠다고 말하며 기꺼이 수용하는 모습을 보여주세요. 활짝 웃으며 감사하다는 말도 표현해 보세요. 몇 차례 같은 지적을 받더라도 흔들림 없이 동일하게 대응하시기 바랍니다.

수업혁신사례 연구대회에서는 현장 심사가 수업 참관 심사, 면접으로 이루어집니다. 반면 인성교육 실천사례 연구발표대회에서는 현장 심사가 면접으로 갈음됩니다. 대회 규정에 맞게 현장 심사를 준비하면 됩니다.

### ② 교육자료전

교육자료전은 수업혁신사례 연구대회, 인성교육 실천사례 연구발표대회와는 다른 방식으로 현장 심사가 이루어집니다. 지역 예선의 경우 교육청에서 지정한 장소에, 전국대회의 경우 교육부·교총에서 지정한 장소(대체로 한국교원대학교)에 연구자가 제작한 교육자료를 직접 전시해야 합니다. 면접은 자료 전시장에서 이루어집니다. 연구자는 심사위원들 앞에서 교육자료와 연구 전반의 내용을 설명해야 합니다. 대체로 5~10분 동안 연구자가 교육자료 및 연구 내용을 설명하고, 심사위원의 질의응답을 받는 식으로 면접이 이루어집니다.

시기별 연구 활동
## 08 전국대회 참가: 10월

교육청은 연구대회 입상 실적을 중요시합니다. 그래서 최대한 빨리 지역 예선 결과를 발표하고, 전국대회 컨설팅을 진행하려 노력합니다. 지역별로 다소 차이는 있으나 보통 예선을 통과하면 교육청에서는 입상자에게 1~3명의 컨설턴트를 붙여줍니다. 보통 컨설턴트가 심사위원이기도 하므로 전국대회 입상 필요 요건을 잘 파악하고 있습니다. 그러니 컨설턴트의 조언을 잘 새겨듣는 것이 입상에 유리합니다.

그렇다고 무작정 컨설턴트의 조언을 100% 수용할 필요는 없습니다. 컨설턴트의 조언을 참고하되, 아니다 싶은 것들은 과감하게 버리는 것도 방법입니다. 컨설턴트의 조언이 내 연구에 도움이 되는 조언인지, 필요 없는 조언인지 구분할 줄 알아야 합니다. 연구대회에서 컨설턴트를 만나는 일은 무척 특별합니다. 내 연구를 도와주는 귀한 인연이니 감사한 마음을 갖고, 최대한 많은 가르침을 받을 수 있도록 노력하는 것이 좋겠지요?

진인사대천명盡人事待天命이라고 했습니다. 내가 할 수 있는 최선을 다하고, 결과를 기껍게 수용하는 것입니다. 본인이 열심히, 현명하게 1년 동안 연구를 진행했다면 분명 좋은 결과가 있을 것입니다.

# 포트폴리오 제작 방법

 인성교육 실천사례 연구발표대회, 수업혁신사례 연구대회 등 현장 심사가 있는 연구대회에서는 포트폴리오 준비가 필요합니다. 포트폴리오를 만들 때의 핵심 포인트는 모든 연구 자료 중에서 연구 내용을 잘 설명할 수 있는 자료 위주로 추출하는 것입니다. 포트폴리오 제작 방법은 단계별로 설명하도록 하겠습니다.

| 연구 주제 |
| --- |
| 연구 활동 사진 (프로그램별 각1장) |
| 학교 교표+학교명 연구자명 |

표지 형식       표지 예시

① 포트폴리오를 만들 때는 D링(O링) 파일을 활용합니다. 포트폴리오 표지 상단에는 연구 주제를, 하단에는 학교 교표 + 학교명과 연구자명을 기입합니다. 표지 중앙에는 연구 활동사진을 연구 프로그램별 한 장씩 모아 제시합니다. 필요에 따라 약간의 꾸밈을 더할 수 있습니다.

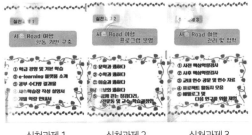

실천과제 1       실천과제 2       실천과제 3

② 실천과제에서 활용한 자료 리스트를 작성합니다. 자료 리스트를 바탕으로 실천과제별 카드를 만듭니다. 실천과제별 카드는 포트폴리오에서 속지로 활용합니다. 저는 실천과제 1(활동기반 구축), 실천과제 2(연구 프로그램 운영), 실천과제 3(연구 결과 및 일반화)로 구성했습니다.

실천과제 1-자료     실천과제 1-자료     라벨링

③ 실천과제 카드 리스트에 제시한 순서대로 자료를 정리합니다. 학습결과물, 설문지, 사진, 연구보고서 등 연구 내용을 잘 설명할 수 있는 자료라면 무엇이든 첨부할 수 있습니다. 대신 포트폴리오 옆면에 라벨을 붙여둡니다. 라벨이 있으면 심사위원이 필요한 자료를 쉽게 찾아볼 수 있습니다.

수업일지           활용 자료

④ 연구 프로그램별 자료를 정리할 때는 수업일지-활용 자료 순으로 정리하는 것이 좋습니다. 수업의 전체적인 흐름 확인 → 활용 자료 참고 순으로 논지를 전개할 수 있기 때문입니다.

역량 검사 결과     학생 활동 소감     피드백&학부모 후기

⑤ 사전/사후 설문지는 실천과제 3(연구 결과 및 일반화)에 함께 첨부합니다. 설문지는 버리지 않고 꼭 모아둬야 합니다. 간혹 심사위원 중에 설문에 활용한 모든 설문지를 보여 달라고 요구할 때가 있기 때문입니다. 포트폴리오에는 대표 설문지만 첨부하고, 나머지 설문지는 별도 파일로 묶어서 제시하면 됩니다.

# 자료 전시 방법

 현장 심사를 진행하는 연구대회에서는 대개 자료 전시를 진행합니다. 수업혁신사례 연구대회처럼 교내에서 간단히 진행하는 경우도 있지만, 교육자료 평가가 주를 이루는 교육자료전과 같은 연구대회는 별도 지정 장소에 제작 자료를 전시해야 합니다. 자료 전시 방법은 기본적인 규칙이 있으므로 이를 잘 숙지하면 어떤 연구대회의 자료 전시든 충분히 준비할 수 있습니다.

 자료 전시 방법
## 01 게시 용지 제작

　게시 용지는 연구의 전체적인 흐름을 도식화한 전시 자료입니다. 교육자료전에서는 필수 준비 사항이나, 수업혁신사례 연구대회나 인성교육 실천사례 연구발표대회와 같이 약식으로 전시 활동을 진행하는 연구대회에서는 선택 사항입니다. 게시 용지 규격은 교육자료전 기준 가로 78.8cm, 세로 109.1cm입니다. 이 용지 규격은 다른 연구대회에서도 활용 가능합니다. 게시 용지를 제작할 때는 주로 파워포인트, 캔바, 미리캔버스와 같은 디자인 프로그램을 활용합니다(업체에 맡기는 경우도 있습니다). 게시 용지 인쇄는 장당 2~3만 원 정도로, 대부분 인쇄 업체에 요청합니다.

　교육자료전 게시 용지는 주로 ① 제작 목적, ② 대상 학년 및 교과, ③ 자료의 구성 내용, ④ 자료의 활용 방법, ⑤ 교육적 효과를 중심으로 작성합니다. 추가로 첨부하고 싶은 자료가 있다면 게시 용지의 양옆 공간도 활용할 수 있습니다(주로 용지의 양옆에 붙이는 '날개'라고 표현합니다). 이때 날개는 옆의 다른 전시대에 방해가 되지 않는 크기로 제작해야 합니다. 저는 날개 크기를 가로 39.4cm, 세로 109.1cm로 맞추는 편입니다. 게시 용지의 절반 크기로 양쪽에 붙였을 때 주변 전시에 방해가 되지 않기 때문입니다. 게시 용지는 전시대 아래쪽에도 붙일 수 있습니다. 전시대 아래쪽에 붙이는 게시 용지는 학생 활동 장면, 주자료와 보조자료에 대한 추가 설명 등을 게시하면 됩니다. 만약 게시 용지 내용이 빽빽하다면 세목은 따로 제작하여 상난에 게시하는 것이 효과적입니다.

수업혁신사례 연구대회나 인성교육 실천 사례 연구발표대회 게시 용지는 선택 사항이기 때문에 별도 규격이나 규정이 없습니다. 이 게시 용지는 주로 ① 연구의 필요성, ② 연구 기간 및 연구 대상, ③ 용어의 정의, ④ 실천과제, ⑤ 결론 및 제언을 중심으로 작성합니다. 여유 공간이 있다면 동일 규격 용지로 실천과제별 학생 활동이나 활동 결과물 사진, 실천과제별 연구 결과 내용을 담아 추가 제작해도 됩니다.

자료 전시 방법
## 02 작품 전시대 설치

작품 전시대 설치는 전시 활동을 진행하는 대부분의 연구대회의 준비 사항입니다. 작품 전시대를 설치하는 목적은 심사위원들이 연구 결과의 실제적 확인 및 검증입니다. 그래서 작품 전시대를 설치할 때는 연구의 흐름에 맞게 연구 결과물을 배치하는 것이 중요합니다. 작품 전시대 설치 방법을 차근차근 살펴볼까요?

### ① 책상 배치

작품 전시대를 준비할 때 가장 먼저 해야 할 일은 전시대를 준비하는 것입니다. 전시대 준비는 대회별로 차이가 있습니다. 교육자료전처럼 별도 전시 공간을 제공하는 경우 작품 전시대 규격이 정해져 있고, 지정 전시대에 연구 결과물을 전시하면 됩니다. 반면 수업혁신사례 연구대회, 인성교육 실천사례 연구발표대

회처럼 교내에서 진행하는 경우, 높이가 비슷한 긴 책상 두세 개를 준비하면 됩니다. 더불어 깔끔한 전시대 준비를 위해 융 천을 준비합니다. 융 천은 교무실이나 강당에 가면 학교 행사용으로 준비되어 있으니 이를 활용하면 됩니다. 만약 학교에 융 천이 없다면 깔끔한 흰색이나 검은색 천을 사용해도 됩니다. 여러 장의 종이를 테이프로 붙이는 경우도 있는데 지저분해 보일 수 있으니 이 방법은 지양합니다.

### ② 단 설치

여러 작품을 전시할 때는 단을 만들어 설치하는 것이 좋습니다. 크기가 같은 상자(예 : 우체국 4호 상자)를 활용해 2~3층으로 단을 쌓아 올리면 더 많은 교육자료를 전시할 수 있습니다. 단을 활용하면 뒤에 있는 자료가 가려지는 일을 예방할 수 있습니다. 또 각각의 자료를 더 잘 보이게 할 수 있습니다. 대체로 앞에는 크기가 작은 자료, 뒤에는 크기가 큰 자료를 배치합니다.

### ③ 자료 배치 순서

보통 심사위원들은 시선의 흐름에 따라 좌측에서 우측으로 작품을 살펴봅니다. 그래서 심사위원의 시선 흐름에 맞춰 연구 활동 단계나 연구 프로그램 운영 순으로 자료를

전시하면 됩니다. 만약 활동 단계별로 자료를 전시한다면 화살표를 붙여주는 것이 좋습니다. 화살표를 붙이지 않으면 자료가 활동 단계 순으로 배치된 것인지, 개별 활동인지 구분하기 어렵기 때문입니다.

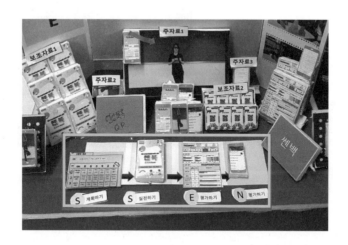

전시대 중앙에 연구의 핵심 자료(교육자료전에서는 주자료)를 배치하여 주목도를 높입니다. 핵심 자료 양쪽에 보조 자료를 배치하면 됩니다. 자료 상단이나 하단에 이 자료가 어떤 자료인지를 나타내는 제목, 간단한 설명을 붙여주면 심사위원의 자료 이해에 도움이 됩니다. 만약 일반화 자료(연수, 관련 실적 등)가 있다면 추가해도 됩니다. 단, 너무 많은 자료를 배치하면 심사위원은 어떤 자료가 핵심 자료인지 파악하기 어렵습니다. 전시하는 자료량을 적절히 조절하는 것이 필요합니다. 포트폴리오는 심사위원 눈에 잘 띄고, 쉽게 꺼낼 수 있는 곳에 이름표를 붙여 전시합니다. 가급적 앞에 눕혀서 두고, 만약 뒤에 배치해야 한다면 포트폴리오를 세워서 강조하면 됩니다.

### ④ 자료 배치 활용 도구

몇 가지 도구를 활용하면 자료 전시대를 훨씬 내실 있게 꾸밀 수 있습니다.

첫째, 회전 스탠드입니다. 회전 스탠드는 A4 용지를 한 장씩 넣어 전시할 수 있는 물건입니다. 워크북, 지도서, 교수·학습과정안 등 A4 용지로 만든 자료가 있다면 여기에 넣어 효과적으로 전시할 수 있습니다. 심사위원이 한 장 한 장 넘겨보기 편하기 때문입니다. 학교 행사 때문에 학교에 하나씩 구비하고 있는 경우가 많아 구입 전에 찾아보시길 추천합니다. 만약 없다면 인터넷에 'A4 회전 스탠드'라고 검색하면 쉽게 찾을 수 있습니다.

둘째, 이젤(거치대)과 보면대입니다. 높이 조절이 가능한 이젤(거치대)을 활용하면 일렬로 배치하더라도 뒤에 있는 태블릿 화면까지 심사위원에게 잘 보입니다. 또, 강조하고 싶은 결과물이 있을 때 보면대를 활용하면 시선을 집중시키는 전시 효과를 누릴 수 있습니다.

셋째, 멀티탭입니다. 태블릿, 노트북, 모니터와 같은 디지털 기기를 사용한다면 원활한 전력 공급을 위해 멀티탭이 필요합니다. 예를 들어 교육자료전의 자료 전시는 심사 전날에 이루어집니다. 심사 날까지 전시에 활용한 디지털 기기(태블릿, 크롬북, 노트북, 모니터 등)의 전원이 켜져 있어야 하므로 멀티탭을 이용해 전시 기간에 디지털 기기를 충전하는 것이 안전합니다.

넷째, 모니터입니다. 모니터가 있으면 학생 활동 영상이나 연구 소개 영상을 반복 재생할 수 있습니다 QR . 수업혁신사례 연구대회나 인성교육 실천사례 연구발표대회의 경우 심사위원들이 별도의 공간에서 대기하는 시간이 있습니다. 이때 생생한 학생 활동

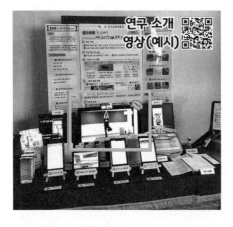

모습을 영상으로 보여주면 심사위원들에게 연구의 핵심 메시지를 효과적으로 전달할 수 있습니다. 교육자료전의 경우 자료 제작 과정이나 교육자료 소개 영상을 모니터로 재생할 수 있습니다[QR]. 또, 제작 자료를 발표할 때 심사위원들에게 영상을 먼저 보여주고, 발표를 진행할 수 있습니다. 단, 영상의 길이가 너무 길지 않게 준비해야 합니다. 영상 때문에 실제 발표 시간이 줄어들 수 있기 때문입니다. 만약 모니터가 없다면 태블릿이나 노트북을 활용해도 괜찮습니다.

다섯째, 휴대용 와이파이입니다. 디지털 자료를 제시할 때 인터넷이 필요한 경우가 있습니다. 열악한 학교 인터넷 여건상(교육자료전 전시장도 크게 다르지 않습니다) 인터넷을 활용하는 자료가 많으면 자료가 제대로 작동하지 않을 수 있습니다. 휴대전화 데이터를 사용해도 되지만 안정적인 인터넷 환경 구축을 위해 하루 이틀 정도 휴대용 와이파이를 대여하는 것이 안전합니다.

여섯째, 아크릴 꽂이입니다. 전시대 위에 많은 자료가 뒤섞여 있으면 심사위원들이 자료를 파악하기 어렵습니다. 다이소에서 직접 방문하거나 인터넷에 '아크릴 쇼케이스'라고 검색하면 다양한 아크릴 꽂이를 구입할 수 있습니다.

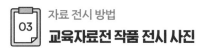

## 03 자료 전시 방법
# 교육자료전 작품 전시 사진

아래 사진들은 제가 2020~2021년 대전광역시교육자료전과 전국교육자료전을 진행하며 직접 촬영한 것입니다. 작품 전시에 참고하시기 바랍니다.

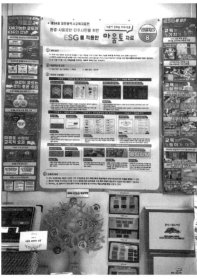

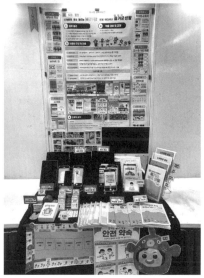

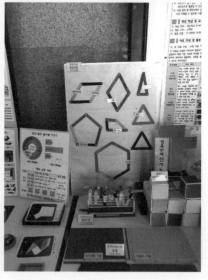

234

**왕초보도 100% 입상하는 실전전략**

도비쌤의 연구대회 필승 가이드

**초판 1쇄 발행** 2025년 3월 17일

**지은이** 도비쌤

**펴낸이** 이형세
**펴낸곳** 테크빌교육(주)
**주소** 서울시 강남구 언주로 551, 프라자빌딩 5층, 8층
**전화** 02-3442-7783(333) | **팩스** 02-3442-7793

**편집** 한아정 | **교정교열** 윤정기 | **디자인** 기민주

**ISBN** 979-11-6346-199-9  03370

• 책값은 뒤표지에 있습니다.

**테크빌교육** 채널에서 교육 정보와 다양한 영상 자료, 이벤트를 만나세요!

**티처빌** teacherville.co.kr
**쌤동네** ssam.teacherville.co.kr
**체더스** www.chathess.com